BURGEN & SCHLÖSSER

DIE SCHLÖSSER KÖNIG LUDWIGS II.

Bilder von Ernst Wrba
Texte von Michael Kühler

Erste Seite:
Kaum zu glauben, dass sich hinter der prächtigen Südfassade des Schlosses Linderhof ein hölzerner Kern verbirgt. Doch König Ludwig II. hatte das ehemalige Jagdhaus seines Vaters so lange umbauen lassen, bis es schließlich versetzt wurde. Dem hölzernen Neubau der „Königlichen Villa" wurde schließlich die Steinfassade mit reichen Stuckornamenten und Figurenschmuck vorgesetzt.

Seite 2/3:
Über zweitausend Kerzen erhellten einst den Spiegelsaal des Schlosses Herrenchiemsee bei den nächtlichen Besuchen des Königs. Anders als beim Versailler Vorbild fanden hier keine rauschenden Feste statt – der König sonnte sich lieber alleine im Glanz der Pracht und Herrlichkeit.

Seite 4/5:
Das mächtige Schloss Neuschwanstein bildet einen glanzvollen und alles beherrschenden Höhepunkt beim Übergang der bayerischen Berge in die hügelige Voralpenlandschaft. Im Hintergrund ist der Forggensee zu sehen, der an Stelle des eiszeitlichen Füssener Sees im 20. Jahrhundert als Stausee angelegt wurde.

INHALT

10 „EIN EWIG RÄTSEL MIR UND ANDEREN" – KÖNIG LUDWIG II. VON BAYERN

24 SCHLOSS NEUSCHWANSTEIN – EINE MITTELALTERLICHE „RITTERBURG" AUF DEM BERGSPORN

Seite 34
Schloss Neuschwanstein –
von der „Ritterburg" zum Sagen-Mekka

Seite 48
Freundschaften Ludwigs II. – von Richard Wagner bis zum treuen Hoffriseur

Seite 58
Ein bayerischer Preuße wird König –
die Kindheit Ludwigs II.

64 DIE „KÖNIGLICHE VILLA" – SCHLOSS LINDERHOF

Seite 72
Von der Jagdhütte des königlichen Vaters zu „Klein-Versailles" im Graswangtal – Schloss Linderhof

Seite 84
Ein König baut sich seine Traumschlösser
– Ludwig II. als Bauherr

Seite 94
Königstreue in Bayern und
Manga in Japan – der Mythos lebt weiter

96 Das bayerische Versailles – Schloss Herrenchiemsee

Seite 104
Ein Schloss rings um ein Schlafzimmer –
Herrenchiemsee

Seite 114
Die königliche Schatulle ist leer –
aber der König baut weiter

Seite 120
Vom fragwürdigen ärztlichen Gutachten bis
zum rätselhaften Tod im Starnberger See

Seite 124:   Nützliche Informationen
Seite 127:   Register
Seite 126:   Karte
Seite 128:   Impressum

Seite 8/9:
Winterstimmung am Alpsee: diesen gewaltigen Natureindruck mag der träumerisch veranlagte bayerische König beim Blick von seinem Westbalkon in Neuschwanstein besonders geliebt haben. Im Vordergrund ist das Schloss Hohenschwangau zu sehen, das der Vater des Königs, Maximilian II., als bevorzugte Sommerresidenz für die Familie errichten ließ. Hier verlebte Ludwig II. die glücklichsten Jahre seiner Kindheit.

„Ein ewig Rätsel mir und anderen" – König Ludwig II. von Bayern

Ein ewiges Rätsel wollte König Ludwig II. von Bayern sich und anderen sein. Und das ist ihm wahrlich gelungen, bis über den Tod hinaus. Und gerade die letzten Stunden sind es, die die Menschen bis heute am meisten beschäftigen. Hatte der König, wie die offiziöse Meinung bis heute lautet, den Freitod im seichten Gewässer gesucht? Für einen guten Schwimmer, wie er es war, klingt das wenig plausibel. Wurde er erschossen, hinterrücks, wie nicht nur ein beliebtes bayerisches Königsgstanzl bis heute behauptet? Dafür fehlen die Beweise. Sie sollen schon einmal da gewesen sein, in Form von Einschusslöchern. In einem hellen Sommermantel oder doch eher in einem dunklen Wintermantel? Ein Wintermantel, mitten im Sommer?

Der 13. Juni 1886, Pfingstsonntag, war trüb und regnerisch. Das steht fest. Die Stimmung des entmündigten Königs soll nach Aussage der Ärzte gar nicht so gedrückt gewesen sein, wie sie es den Umständen entsprechend erwartet hatten. Ist das die von den Psychiatern geforderte Aussage, damit der Selbstmord glaubwürdiger erscheint? Oder war der König wirklich heiter gestimmt, weil ihm zur Flucht verholfen werden sollte? Von Sissi, der märchen- und ebenso rätselhaften österreichischen Kaiserin? Wurde Ludwig auf der Flucht erschossen – oder aus Versehen? Vielleicht könnte eine Öffnung des Sarges Gewissheit bringen. Aber vielleicht sollte man König Ludwig II. seine Ruhe nach einem ruhelosen Leben nicht nehmen ...

Wellenschaum

Eine der ergreifendsten literarischen Schilderungen über den Tod im Starnberger See ist in Ludwigs Heimat gar nicht so bekannt. Sie erschien 1890 in Japan. Der japanische Militärarzt und Schriftsteller Mori Ōgai hatte 1886 in München studiert und sie nach seiner Rückkehr in die Heimat niedergeschrieben: Ein Japaner fährt mit einer jungen Münchnerin am 13. Juni 1886 mit dem Boot auf dem Starnberger See. Sie kommen an der Stelle vorbei, an der Ludwig II. mit Dr. Gudden spazieren geht. Der König sieht das Mädchen und will zu ihr eilen, da er sie mit ihrer Mutter verwechselt, die er einst verehrte. Das Mädchen fällt vor lauter Schreck ins Wasser, als auch sie den einstigen Verehrer ihrer Mutter erkennt. Dr. Gudden folgt dem König ins Wasser und will ihn zurück halten. Der Japaner zieht

Der Blick vom Schloss Linderhof zum Venustempel wird verdeckt von der mächtigen, Jahrhunderte alten Linde, die dem Schloss seinen Namen gab. Es spricht für die Naturverbundenheit Ludwigs, dass er den Baum trotz aller Baupläne und umfassender Wünsche bei der Gartengestaltung an seinem Platz beließ. Mag er auch optisch die ansonsten perfekte Symmetrie „stören" – er trägt entscheidend zum beschaulichen Flair im Graswangtal bei.

das Mädchen ins Boot zurück und will sie in Sicherheit bringen. Doch sie ist bereits tot.

Diese Erzählung „Wellenschaum" kann in seiner Bedeutung für die japanische Literatur nur mit der des „Werther" für die deutsche Literatur verglichen werden: die erste Ich-Erzählung der neueren japanischen Literatur; zum ersten Mal verarbeitet ein japanischer Autor eine ganz persönliche Erfahrung in einem erzählenden Text. Im Original eine überaus künstliche Sprache, eine Verbindung von klassischem Japanisch und nach deutschem Vorbild sorgfältig konstruierendem Satzbau mit eingestreuten deutschen Namen und Wörtern: der besondere, exotische Reiz dieser Sprache bezaubert auch heute noch die Japaner.

Der Märchenkönig

Und so nehmen sie die weite Reise auf sich, um dem näher zu kommen, den sie schon so lange verehren: König Ludwig II. Sein Leben verlief nicht minder spektakulär als das von Marilyn Monroe oder Jim Morrison. Vielleicht ist es aber weniger das Dramatische, das begeistert – viel mehr kommt man in den Schlössern seinem Nimbus als Märchenkönig nahe. Sein träumerisches Wesen offenbart sich hier, mitten in den von ihm geschaffenen, von ihm geliebten „begehbaren Märchen".

Ludwigs nächtliche Schlittenfahrten sind legendär. Ein wenig nachgeholfen hat dabei die noch junge Technik. Der König hatte zwar kein großes Interesse an deren genauer Funktionsweise, aber er wusste sie sich zu Nutzen zu machen. Und so war beim berühmten Schlitten

unter dem Sitz Allerhöchstdesselben eine Batterie untergebracht, die die Krone über seinem Haupt zum Leuchten brachte. Dieses erste elektrisch beleuchtete Fahrzeug der Welt musste ungläubiges Erstaunen hervorrufen, in einer Zeit, in der viele Bauernstuben noch durch Kienspäne oder im fortschrittlichen Fall durch Petroleumlampen spärlich erhellt waren.

Märchen über den König

Doch es gibt nicht nur dieses märchenhaft verklärte Wesen, es gibt auch viele Märchen über den König. Viel dazu beigetragen haben mögen manche Schilderungen Luise von Kobells um 1900, die wohl nachträglich das Ansehen ihres Mannes, des Kabinettssekretärs Johann August von Eisenhart, in das ihr angenehme rechte Licht rücken sollten. Um diese Zeit wurde bereits ein erster Ausschnitt aus Ludwigs Tagebüchern veröffentlicht – unter Pseudonym, von einem Stiefsohn des Ministers Lutz, der federführend die Entmündigung des Königs betrieben hatte.

Der hölzerne Musikpavillon im Schlosspark von Linderhof scheint mit seiner grünlichen Farbgebung eins zu werden mit der ihn umgebenden Natur. Auch einem französischen Sonnenkönig hätte dieser filigrane Bau zur Ehre gereicht. Gerade die unterschiedlichen Parkbauten lassen einen Spaziergang rings um das Schloss zu einem unvergesslichen Erlebnis werden.

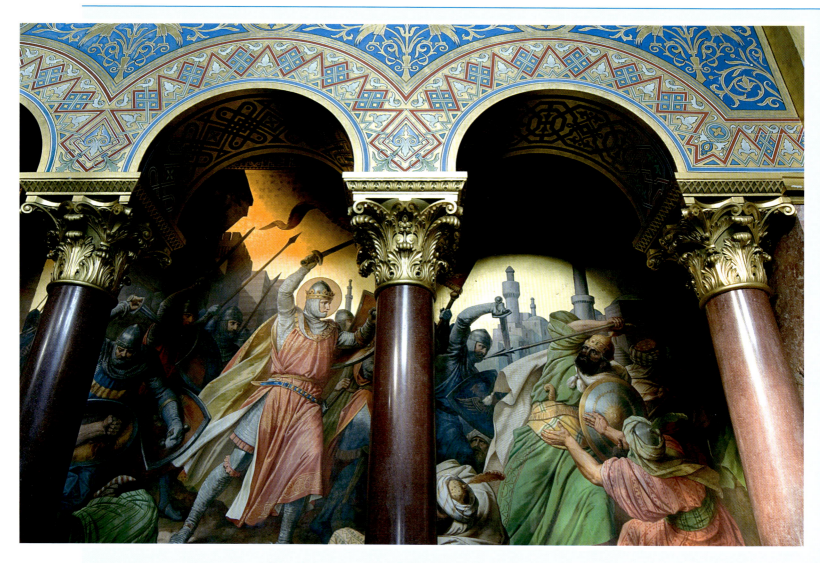

Hinter der unteren Säulenreihe des Thronsaals von Schloss Neuschwanstein zeigt ein Wandgemälde den Kampf König Ferdinands von Spanien gegen die Mauren. Ferdinand ist einer der in der Apsis dargestellten heilig gesprochenen Könige, was durch den goldfarbenen Nimbus verdeutlicht wird. Die Wandmalereien betonen vor allem das Verdienst des Königtums um die Einführung und die Festigung des Christentums.

Später gesellte sich eine erweiterte Neuausgabe dazu und sogar intime Briefe Ludwigs, für teures Geld ersteigert, wurden veröffentlicht. Es scheint, als wären die Quellen unerschöpflich, aus denen das Leben des „Märchenkönigs" mal aus diesem, mal aus jenem Blickwinkel be- und erleuchtet werden kann. Und so tauchen wie von Zauberhand Fotos auf, die sich Ludwig von schönen jungen Männern aus ganz Europa habe schicken lassen. Es heißt, er habe dies nicht als Casting für die nicht für die Öffentlichkeit bestimmten Separatvorstellungen verstanden, sondern sich selbst im stillen Kämmerlein an der klassisch-griechischen Schönheit ergötzen wollen.

Der Mondkönig

Besonders schön fand Ludwig II. die Welt nachts, im Mondenschein. Bereits im Jahr seiner Thronbesteigung, 1864, ließ er sich an der Decke seines Schlafzimmers in Hohenschwangau einen künstlich leuchtenden „Mond" einrichten, dem später zahlreiche Sterne und eine Regenbogenmaschine folgten. Und so nannte der französische Dichter Guillaume Apollinaire Ludwig II. im Gegensatz zum „Roi-Soleil", dem Sonnenkönig Ludwig XIV., den „Roi-Lune", den Mondkönig. Thomas Mann schließlich lässt in seinem „Doktor Faustus" den Freisinger Studienrat Serenus Zeitblom über Ludwigs Paradebett in Linderhof sinnieren, es sei wie ein Aufbahrungslager von Kandelabern flankiert.

Schlafzimmer waren Ludwig II. besonders wichtig. In manchen Betten – wie im Paradeschlafzimmer in Herrenchiemsee – hatte er nie vor zu schlafen. Und um eben dieses Paradeschlafzimmer ließ er auch gleich ein ganzes Schloss bauen, das sich gefälligst nach diesem Raum zu richten habe. In seinen anderen Betten schlief er, wenn überhaupt, nur tagsüber. Denn Ludwig hatte die Nacht zum Tag gemacht.

Bei seinem eigenen Blauen Schlafzimmer im Kleinen Appartement von Herrenchiemsee ist an der Bettrückwand das gestickte Bild „Triumph Ludwigs XIV. über das Laster" zu sehen, das auf eine ganz persönliche Problematik Ludwigs II. verweist, denn Entsündigungs-Symbole sind ja immer wieder zu finden. Und so findet man dieses Motiv auch bei den meisten dargestellten Sagen im Schloss Neuschwanstein.

LOLUS

Die Welt der Sagen hatte es Ludwig II. angetan. Von den Darstellungen in Hohenschwangau war er von Kindheitstagen an damit vertraut, in der Münchner Residenz ließ er den legendären Nibelungengang malen. Höhepunkt von Ludwigs Sagenwelt ist nicht nur das Schloss Neuschwanstein, auch seine Hinwendung zu Wagners Opern beruht darauf. Den verkannten Künstler unterstützte er, so gut es ging – oder nach Meinung vieler viel mehr, als nötig und möglich gewesen wäre. Und diese Günstlingswirtschaft beunruhigte die Minister in München so sehr,

Dem Thronsaal in Schloss Neuschwanstein fehlt zwar das wichtigste: der Thron. Aber dafür hat er um so mehr Bewunderer, wie an dieser vielköpfigen Besuchergruppe unschwer zu erkennen ist. Die vielen Gäste begeistern sich für den Raumeindruck einer „frühchristlichen Basilika" ebenso wie für die liebevoll gearbeiteten Details.

wie das einst im unruhigen Jahr 1848 bei der Mätresse Ludwigs I., Lola Montez, der Fall gewesen war. Der Großvater sah es voraus, dass das Volk dem Treiben des regierenden Königs ein Ende machen würde wie knapp 20 Jahre vorher ihm.

Und es war Volkes Stimme, die dem später weltberühmten Komponisten den Spitznamen „Lolus" verpasste, in Anlehnung an die einstige „Spanische Tänzerin" aus Irland. So grazil war der Maître zwar nicht und auch sein Einfluss auf den König, zumindest der politische, verblasste spätestens nach seiner erzwungenen Übersiedlung in die Schweiz. Der König blieb ihm treu, bis über den Tod hinaus, trotz seiner Intrigen. Für Wagner gilt das gleiche wie für manche zum Vortrag befohlene Sängerin: wichtig war dem König nicht die Gunst, sondern die Kunst.

DER THEATERKÖNIG

Und diese Kunst, das Theater, die Oper, das Musikdrama, war dem König Ein und Alles. Er liebte sie, er förderte und forderte sie, er lebte in ihr und für sie – sein ganzes Leben war eine Bühne, ein Gesamtkunstwerk. Dieses Wortgebilde war von Richard Wagner ersonnen und hat erst später Eingang in die Kunstgeschichte gefunden. Dem Künstler und dem Mäzen gemein war die in ihrer Zeit unerhörte Idee der perfekten Illusion im Theater. Wagner ließ das Orchester in einem Graben verschwinden, Ludwig schuf mit dem weltweit ersten elektrisch beleuchteten Theater die völlige Dunkelheit im Zuschauerraum. Doch dem König war dies nicht genug.

In seinen legendären Separatvorstellungen hat er auch noch das Publikum abgeschafft. Und auch das war nur eine Vorstufe zu dem, was der

Zwischen dem Bergsporn, auf dem Schloss Neuschwanstein thront, und den ansteigenden Bergen fällt der Blick in die schier abgrundtiefe Pöllatschlucht. Aus diesem Blickwinkel wird die wahrhaft einsame Lage der alles beherrschenden Burg besonders deutlich. Ein Ritter im Mittelalter hätte sich keinen besseren Platz für eine Wehrburg suchen können.

König als Höhepunkt mit dem Schloss Herrenchiemsee inszenierte: hier war er Akteur und Zuschauer in einem. Man kann sich gut vorstellen, wie diese perfekte Traumwelt mit ihren vielen Brüchen die heutigen Besucher unbewusst in ihren Bann zieht. Und man kann sich in seinen kühnsten Träumen nicht ausmalen, welch' grandiose Ideen König Ludwig II. noch geschaffen hätte, wenn ihn nicht kleinkarierte Bürokraten jäh gestoppt hätten.

Der Tourismusexperte: Ludwigsland

Mit der von langer Hand vorbereiteten Entmündigung und mit dem rätselhaften plötzlichen Tod erfolgte ein abrupter Bruch im „Gesamtkunstwerk Ludwig", der erst heute den spielerischen Wechsel zwischen Märchen und Realität möglich macht. Eine unbewusste Vorwegnahme von Kino und Vergnügungsparks wie Disneyland, die sich darin zeigt, dass in „Ludwigsland", in Oberbayern im allgemeinen und rings um Neuschwanstein im besonderen, neo-historistische Gasthäuser im Jodel-Stil wie Pilze aus dem Boden schossen. Das Bild von Bayern wird dadurch nachhaltig geprägt und es ist gut, dass sich der Massentourismus an diesen Brennpunkten konzentriert.

Denn wenn sich dieses berechtigte Interesse der Gäste an der anheimelnden bayerischen Kultur wie eine trübe Soße über das ganze Land ergießen würde, dann gäbe es nicht mehr die unberührten Flucht- und Rückzugspunkte, die Ludwig einst so schätzte. König Ludwig II. hat mit seinen Schlössern das Nadelöhr geschaffen,

Neuschwanstein scheint erhaben über den idyllischen Alpsee zu wachen, wenn auch in weiter Ferne. Der See grenzt direkt an die Gemeinde Hohenschwangau und trotz der unmittelbaren Nähe zu den beiden berühmten Königsschlössern findet man hier ruhige Fleckchen zur Erholung.

durch das all' diejenigen müssen, die „in acht Tagen um die Welt" wollen. Und alle anderen können sich diese Märchenwelten ansehen und dann – wie einst er – in die Natur flüchten, in die Einsamkeit der Berge. Doch nicht nur diese natürliche „Kulisse" der Dreitausender trägt zum Ruhm Bayerns in der Welt bei, auch andere königlich-bayerische Institutionen wie die Prachtstraßen oder das Oktoberfest in München und die von Ludwig vor dem Verfall gerettete Kirche St. Bartholomä am Königssee. Und wer davon wieder genug hat, der wechselt nach Mallorca, wie es der Märchenkönig einst vorhatte.

Wohn-, Traum-, Lust- und Luftschlösser

Nachdem Ludwig das Projekt eines Königreiches auf den Kanarischen Inseln aufgegeben hatte – für das es bereits eine komplett ausgearbeitete Verfassung gab, der nur eines fehlte: der Name – widmete er sich verstärkt seinen Schlössern. Wohnschlösser waren es nicht. Es fehlten die Bibliotheken und die Theater – auf den ersten Blick unverständlich für Ludwig, der Leseratte und Theaternarr in einer Person war. Richtig „heimelig" oder gut deutsch „gemütlich" ist es dort auch nicht, all' dem neuzeitlichen Komfort zum Trotz. Traumschlösser waren es sicher, denn sie entsprangen allein dem Wissen, Können, Träumen und Wollen des in seiner Zeit unverstandenen Königs. Und man kann nach wie vor in diese Traumwelt eintauchen, wenn man sich nur darauf einlässt.

Lustschlösser sind es auch. Es war nicht nur, neudeutsch gesagt, ein „Hobby" des Königs, diese Traumwelten für sich zu schaffen. Und wo würde dies deutlicher als in Linderhof, dessen kunsthistorische Einordnung zwischen „großbürgerlich-königlicher Villa" und „Maison de Plaisance" schwankt, einem Lustschloss nach barockem französischen Vorbild. Noch wichtiger als das Schloss selbst ist hier der Park. Selbst im Winter, wenn große Teile und vor allem die Bauten nicht zugänglich sind, wirkt Linderhof im abgeschiedenen Graswangtal überwältigend. Der Übergang vom geplanten Ensemble in die freundlicherweise üppigst vorhandene Natur hätte vom König nicht besser ersonnen werden können – auch nicht, wenn er wie einst gedacht Berge abgetragen hätte.

Und dann gibt es noch die Luftschlösser. In Landshut, dem ältesten erhaltenen Stammsitz

Theaterdekoration oder doch gebaute Realität eines fantasievollen bayerischen Königs? Die Venusgrotte im Schlosspark von Linderhof ist sicher beides. Eines der ersten „Elektrizitätswerke" Bayerns sorgte nicht nur für die wechselnde stimmungsvolle Beleuchtung, auch die konstante Wassertemperatur von 20 Grad konnte damit sichergestellt werden: und so stand einem Bade nichts im Wege.

Das Linderhofer Schlafzimmer wurde beleuchtet mit einem mächtigen Glaslüster der Wiener Firma Lobmeyer, der mit 108 Kerzen bestückt ist. August Spieß d. J. (1841–1923) stellte im Deckengemälde die Apotheose König Ludwigs XIV. von Frankreich dar, das heißt seine Verherrlichung oder seine Erhebung zu einem Gott.

der Wittelsbacher, hatte er sich ein Appartement einrichten lassen, das er nicht nur nie bewohnte, sondern sogar nie mit eigenen Augen sah. Falkenstein ist berühmt, es hätte der Ersatz dafür werden sollen, dass Neuschwanstein nicht wie ursprünglich geplant wirklich „altdeutsch" wurde sondern „nur" eine Wagnersche Gralsburg. Und dann noch der Byzantinische Palast und der Chinesische Palast ...

In der Berge Einsamkeit

Von den Umbauten in der Münchner Residenz einmal abgesehen baute sich der König seine Schlösser so weit weg wie nur irgendwie möglich. Weit weg vom Getriebe der umtriebigen Minister, weit weg von denen, die meinten, in seinem Dunstkreis aufblühen zu können. Und selbst in München wollte er hoch hinaus. Er ließ sich nach dem Vorbild seines Vaters einen Wintergarten anlegen, aber natürlich noch viel weiter oben, noch viel größer und noch viel schöner. Wenn er schon in der ungeliebten, um nicht zu sagen verhassten Stadt sein musste, dann bitteschön auch hier ungestört. Nur ganz wenige Auserwählte erhielten Zutritt.

Er ließ sich hier von Schauspielerinnen vorsingen – ein Begehren, das zuweilen im wahrsten Sinne des Wortes ins Wasser fiel. Die Kinder Kaiserin Elisabeths hat er auch huldvollst empfangen. Und eine Verwandte hatte es ihm angetan, Königin Olga von Württemberg. Er lud sie ein und sie verstand diese Einladung so, wie sie es von ihrem Elternhaus in Petersburg oder von ihrem eigenen Hof in Stuttgart gewöhnt war: eine feierliche Hoftafel sollte es sein. Doch bass erstaunt war sie, als sie dem König in seinem Zaubergarten alleine gegenüber saß. Geholfen haben mag in dieser Situation, dass die beiden sich in ihrer Mutter- und seiner Lieblingssprache austauschen konnten: Französisch.

Wenn der Turm des Schlosses Neuschwanstein im Nebel zu verschwinden scheint, wirkt die mächtige Anlage besonders mystisch und entrückt. Ein ganzer Hofstaat hätte sich hinter den dicken Mauern verschanzen können, doch als im Juni 1886 die Häscher kamen, stand der König ihnen fast ganz alleine gegenüber. Aus Verzweiflung wollte er sich vom Turm stürzen, doch der Ausgang der Geschichte ist bekannt: die Umstände seines Endes im Starnberger See liegen bis heute im Nebel der Geschichte begraben.

Nicht Französisch, sondern Türkisch war das Ambiente im Königshaus auf dem Schachen. Hier, auf knapp zweitausend Metern über dem Unbill der realen Welt, konnte der König, göttergleich, in seinen Sphären schweben. Es heißt, er habe seine Diener angewiesen, hier im türkischen Gewand, Mokka schlürfend und Wasserpfeife rauchend, eine Staffage für seine Träume darzustellen. Doch das mag ein Märchen sein wie so vieles, was sich um den Märchenkönig rankt.

Die Schönheitengalerie König Ludwigs II.

Dieses Königshaus auf dem Schachen gibt es immer noch und es ist quasi das vierte der begehbaren Märchen Ludwigs. Wenn schon seine drei allseits bekannten Schlösser jeweils einen gewissen Fußmarsch erfordern, dann ist diese königliche Almhütte wirklich abgelegen. Von der „Zivilisation" sind es gut drei Stunden hierher, beste bergsteigerische Kondition vorausgesetzt. König Ludwig II. hatte von seinem Vater einige Jagdhütten in den Bergen übernommen, die er gerne, regelmäßig und zu festgesetzten Zeiten aufsuchte. Manche davon wurden dem Verfall preisgegeben, doch man findet sie an einer Stelle, wo man sie garantiert nie suchen würde.

Denn nicht nur vom Großvater ist eine Schönheitengalerie überliefert. Ludwig I. ließ schöne Damen malen, egal ob adelig, schauspielerisch brillant oder bäuerlich. Was dem Opa die Schönheit einer Lola Montez war, das gilt in Bezug auf Ludwig II. für seine Leibreitpferde. Er ließ sie

von Friedrich Wilhelm Pfeiffer auf Leinwand bannen, oft mit einer der Jagdhütten im Hintergrund, so dass auch diese Lieblingsaufenthalte des Königs überliefert sind. Bewundern kann man diese Gemälde im Schloss Nymphenburg, dem Geburtsort Ludwigs. Das berühmteste der Gemälde zeigt die Stute Cosa Rara in Linderhof. Der Apfelschimmel steht vor einem gedeckten Tisch und sucht zwischen Braten, Forellen und Rotwein nach Köstlichkeiten wie duftendem Heu oder würzigem Hafer.

Viele Wittelsbacher und artverwandte Ludwigs

Der Geburtsort war Ludwig wohl nie wichtig, wohl aber seine Ahnenreihe bayerischer (und ausländischer) Ludwigs. Von Herzog Ludwig dem Kelheimer, der die weltbekannten weiß-blauen Rauten ins bayerische Wappen brachte, über

Ludwig den Bayern, seines Zeichens erster Kaiser aus dem Hause Wittelsbach, und schließlich Herzog Ludwig den Reichen von Bayern-Landshut, der die erste bayerische Universität gründete, reicht die Reihe bis zum königlichen Großvater, Ludwig I. Dieser war Taufpate Ludwigs II. und er selbst hatte zum Paten keinen geringeren als Ludwig XVI. von Frankreich. Von diesem ließe sich eine ludwigianische „Ahnenforschung" zurückverfolgen über Ludwig XIV. bis hin zu Ludwig dem Heiligen.

Den Gipfel dieser „Ludwigisierung" stellt Ludwig II. dar. An seinem 22. Geburtstag wurde der Grundstein gelegt für das Neue Münchner Rathaus. An der Fassade sind die bis dato vier bayerischen Könige dargestellt, von Maximilian I. Joseph über Ludwig I. und Maximilian II. bis zum regierenden Monarchen. Einen fünften König gab es so gut wie nicht, denn Ludwigs Bruder Otto war ob seiner Geisteskrankheit nur nominell König, der Prinzregent war nur Prinzregent und nicht König und dessen Sohn Ludwig III. krönte sich zwar noch zu Lebzeiten Ottos selbst, aber dieses Glück war nur von kurzer Dauer.

War Ludwig ein „Schattenkönig" ohne Macht?

Ob König Ludwig II. seinen Herrschaftsanspruch auf diese „Ludwigisierung" bezog oder auf seine Wittelsbachische Dynastie – die einen ziemlichen Umweg über die Pfalz genommen hatte – oder wie vermutet nur auf das Taufsakrament, das auf dem Sonnenkönig basierte, wird sich wohl nie mehr endgültig klären lassen. Fest steht, dass er kein „Schattenkönig ohne Macht" sein wollte. Und er wollte auch keine „Unterschreibmaschine" sein, wie es sein Großvater einmal ausgedrückt hatte. Die verhasste Unterordnung unter den preußischen Adler, dessen Schwingen von Berlin bis zu den bayerischen Bergen zu reichen schienen, raubte ihm schier den Verstand. In Phasen der Resignation hatte er an Abdankung gedacht, zugunsten seines Bruders Otto, was sich aber zerschlug, weil Otto ja bereits „ausgeschaltet" war.

Ludwig erledigte seine Regierungsgeschäfte bis auf die letzten Tage pünktlich und überall – nur äußerst ungern in München. Ob im Schloss Berg, in den Berghütten oder – im Reisekostüm – in der freien Natur davor, er unterschrieb, allerdings nicht blindlings, was ihm vorgelegt wurde. Der König war vielleicht auch wegen seiner umfassenden Sachkenntnis kein besonders „bequemer" Regent. Er opponierte gegen das Unfehlbarkeitsdogma des Papstes, er schrieb den „Kaiserbrief" nur mit größtem Widerwillen, er

Der Traum vom Fliegen ging für Ludwig nicht in Erfüllung: auf diese Weise hatte er die Distanz zwischen dem väterlichen Schloss Hohenschwangau und seinem erhabenen Neuschwanstein überwinden wollen. Doch mit diesen Plänen war der bayerische König seiner Zeit – wie so oft – zu weit voraus. Der Blick vom Alpsee zeigt eindrucksvoll die abgeschieRembesdalsvatnet im Osten Schlösser in den bayerischen Bergen.

Die Fontänen umspielen den Latonabrunnen vor dem Schloss Herrenchiemsee und scheinen die römische Göttin hinter ihrer Wasserwand verstecken zu wollen. Sie war Geliebte des Zeus und gebar ihm die Zwillinge Artemis und Apollo. Ludwig konnte sich daran nicht mehr erfreuen – die Wasserspiele auf der Insel gingen erst in seinem Todesjahr der Vollendung entgegen.

entschied über wichtige Staatsangelegenheiten wie der Erhebung von lokalen Bier-, Malz- und Mehlsteuern ebenso wie über die Ernennung, Verehelichung, Beurlaubung oder Pensionierung einzelner Beamter.

Zwischen Kunst und Kitsch

Diese leidigen Regierungsgeschäfte waren ganz sicher nicht das, wovon Ludwig in schlaflosen Nächten träumte. Viel lieber widmete er sich der Kunst. Den Stil der Schlösser König Ludwigs II. kann man sicher zum Historismus des 19. Jahrhunderts rechnen, wobei manche Kunsthistoriker mittlerweile davon ausgehen, dass er eine Frühform der Pop-Art ist. Bekannt in dieser Hinsicht wurde Andy Warhols Bild „Neuschwanstein" aus dem Jahre 1987. Mit den Parkbauten des Schlosses Linderhof lassen sich auch Bezüge zur Land Art herstellen, man denke nur an deren bekannte Vertreter Christo und Jeanne-Claude. Ludwig förderte mit seinen unzähligen Aufträgen das bayerische Kunsthandwerk enorm und führte es zu einer ungeahnten Blüte. Spätestens nach dem Wegbrechen der königlichen Aufträge verkauften viele Schwabinger Künstler „Massenware", schnell angefertigte Malereien, billig an die immer zahlreicher werdenden Reisenden und Sommerfrischler und diese wurde als „Kitsch" gebrandmarkt.

Als „Kitsch" oder „Schund" könnte man vielleicht die aus Gips statt Porzellan bestehenden Lüster im Schloss Herrenchiemsee bezeichnen, doch der Schein trügt. Denn dies sind Provisorien, entstanden wegen der Ungeduld des Königs, und sie sollten später durch hochwertige Gegenstände ausgetauscht werden. Bekanntermaßen legte der König größten Wert auf Materialechtheit. Und bei König Ludwig II. handelt es sich nicht wie sonst im Historismus üblich um ein Repräsentationsbedürfnis, denn seine Schlösser durfte ja das „gemeine Volk" nicht sehen. Er baute nach der Devise „L'art pour l'art", Kunst um der Kunst willen.

Das Paradeschlafzimmer ist das Herzstück des Schlosses Herrenchiemsee; es wurde bereits mit den Stickereien der Wandbespannungen begonnen, als vom Rohbau noch nichts zu sehen war. Besonders prächtig geschmückt ist das goldene Paradebett hinter der Brüstung, die bei Ludwig – anders als beim französischen Vorbild – kein Sterblicher überwinden sollte.

Seite 22/23:
Der Spiegelsaal des Schlosses Linderhof erreicht natürlich bei weitem nicht die Ausmaße wie sein Pendant in Herrenchiemsee, doch an überbordender Pracht und gedrängter Fülle in der Manier des Rokoko mag er ihn sogar noch übertreffen. Nicht nur der imponierende Glaslüster, auch die vielen Kandelaber an den Wänden sorgten für eine stimmungsvolle Beleuchtung, die sich tausendmal spiegelte.

Schloss Neuschwanstein – eine mittelalterliche „Ritterburg" auf dem Bergsporn

Nicht nur Parzival, Lohengrin, Tannhäuser oder Tristan und Isolde bevölkern das sagenhafte Schloss Neuschwanstein, auch Unmengen von Besuchern zieht es hierher, an manchen Tagen bis zu 5000 Menschen. Der Architekt Eduard Riedel durfte planen, was der Theatermaler Christian Jank bildlich entwickelt hatte. Bis zum Tod Ludwigs 1886 wurde 17 Jahre lang gebaut und es sollte doch nicht fertig werden: die Kemenate wurde erst 1892 vollendet und der mächtige Bergfried fehlt bis heute. Nichtsdestotrotz ist das Schloss Neuschwanstein eines der wichtigsten Touristenziele Deutschlands und auf dem besten Weg, in die Liste des UNESCO-Weltkulturerbes aufgenommen zu werden. Zu den sieben Weltwundern der Neuzeit hat es nicht ganz gereicht, aber als „achtes Weltwunder" kann man Ludwigs hoch auf dem Bergsporn thronende „Ritterburg" getrost bezeichnen.

Bei der Errichtung Neuschwansteins waren täglich 200 bis 300 Arbeiter beschäftigt, mit für die damalige Zeit vorbildlichen sozialen Absicherungen. Und auch heute noch „ernährt" das bekannteste Schloss König Ludwigs II. viele Menschen in Tourismusindustrie und Gastgewerbe. Was wäre Bayern ohne Neuschwanstein – und was wäre Neuschwanstein ohne die beeindruckende Kulisse der bayerischen Alpen? Beides gehört untrennbar zusammen.

Mit der nächtlichen Beleuchtung wirkt Neuschwanstein mit seinen vielen Türmchen erst recht wie ein „Zuckerbäckerschloss". Illuminierungen und Feuerwerke waren sozusagen ein Steckenpferd von Ludwig und diese Tradition wird heute fortgeführt, so dass Besucher, die in der Nähe des Schlosses übernachten, die Magie bis in ihre Träume erleben können.

Seite 26/27:
Aus diesem Blickwinkel wirkt ein Foto vom Schloss Neuschwanstein, als hätte es einer der berühmten Maler der Romantik auf Leinwand gebannt. Wurde das Schloss als Staffage für die Weite der Voralpenlandschaft geplant? Oder hat sich die Landschaft, im übertragenen Sinn, an die berühmte Burg angepasst?

Linke Seite:
Die beiden breit ausladenden Loggien prägen das Bild der Westfront Neuschwansteins entscheidend. Von hier aus konnte der König die malerischen Sonnenuntergänge in sich aufsaugen – kurz nach dem Aufstehen. Denn er hatte die Nacht zum Tag gemacht und damit der Dramatik seines Lebens den passenden Rahmen verliehen.

Hinter den Bäumen halb versteckt wirkt Neuschwanstein wie ein veritables Märchenschloss. Aus diesem Blickwinkel betrachtet kann man sich gut vorstellen, wie sehr das bekannteste Schloss in den bayerischen Alpen die Designer von Walt Disneys Märchenpark beeinflusst hat.

Seite 30/31:
Den Blick steil nach oben gerichtet wird man der Monumentalität Neuschwansteins gewahr. Eines der Stockwerke war zu Lebzeiten Ludwigs im Rohbau und so präsentiert es sich auch heute noch den Besuchern. Manche mögen nach all der Pracht und Herrlichkeit erleichtert aufatmen, wenn sie sich nach dem Rundgang im Shop oder in der Cafeteria in einer „nüchternen" Atmosphäre erholen können.

Linke Seite:
Vom unteren Schlosshof Neuschwansteins geht der Blick hoch zum Giebel des Palas'. In dieser imposanten „Kulisse" warten die Besucher – zu Stoßzeiten notgedrungen geduldig – darauf, in das Innere der heiligen Hallen eingelassen zu werden.

Unten:
Groteske Köpfe mit weit aufgerissenen Augen oder Mündern scheinen das Böse von Neuschwanstein fernhalten zu wollen. Die Rundbögen der Loggien geben der Fassade ein romanisches Gepräge, während die Friese auf den ersten Blick beinahe orientalisch anmuten. Nur mit einem Fernrohr oder einem Teleobjektiv lassen sich diese Details der Westfassade aus der Ferne erkunden.

SPECIAL BAUGESCHICHTE

SCHLOSS NEUSCHWANSTEIN – VON DER „RITTERBURG" ZUM SAGEN-MEKKA

Oben:
Der Architekt Julius Hofmann (1840 – 1896) lieferte sämtliche Entwürfe zur Innenausstattung von Schloss Neuschwanstein. Ab 1884 war er Nachfolger Dollmanns und sollte die Burg Falkenstein sowie das Byzantinische und das Chinesische Schloss planen. Der Nachfolger Ludwigs, Prinzregent Luitpold, ernannte ihn schließlich zum „königlichen Oberbaurath".

Rechts:
Dieses Bild wirkt wie eine Theaterkulisse und das ist auch kein Wunder: angefertigt wurde es vom Theatermaler Christian Jank (1833 – 1888) im Jahre 1883, der die meisten Vorlagen für Ludwigs Schlösser lieferte. Es zeigt den ersten Entwurf der Burg Falkenstein, wie sie bei Pfronten geplant war. Realisiert wurden nur die Straße und eine Wasserleitung und heute befindet sich direkt unterhalb der gleichnamigen mittelalterlichen Burgruine ein Hotel mit fantastischem Blick nach Neuschwanstein.

Der Vater König Ludwigs II., Maximilian II., hatte auf den Fundamenten der Ruine Hohenschwangau eine neue Burg im Stil der Zeit neugotisch errichten lassen. Diese Burg wurde im Laufe der Jahre immer weiter ausgebaut, um der Familie mitsamt ihrem großen Hofstaat in den Sommermonaten eine standesgemäße Unterkunft bieten zu können. Diese „alte deutsche Ritterburg" war mit Szenen mittelalterlicher Sagen ausgemalt und beeindruckte Ludwig bereits in jungen Jahren. Seine Mutter zog sich nach dem Tod ihres Gemahls hierher zurück, wobei die beiden Generationen unter einem Dach nicht immer harmonierten: die Königin-Witwe und der junge, aufstrebende, sich seiner Würde bewusste König.

Deshalb wollte sich Ludwig auf dem gegenüberliegenden Bergsporn, höher gelegen und ebenfalls durch eine Ruine als alter Adelssitz ausgewiesen, eine „Neue Burg" bauen lassen. Ursprünglich sollte Neuschwanstein im „echten Styl der alten deutschen Ritterburgen", also neogotisch, gebaut werden, aber in der zweiten Planungsphase wurde gemäß dem Vorbild der Wartburg bei Eisenach der heutige neoromanische Bau entworfen. Doch entsprechend der barocken Schlossbautradition passt sich das Gebäude nicht wie bei mittelalterlichen Höhenburgen den Gegebenheiten des Geländes an. Stattdessen wurde die Topographie durch Sprengungen auf dem Plateau „passend" gemacht.

MUSTERBAU DES HISTORISMUS

Wenn manche historistischen Prachtbauten einfach einen der bekannten kunsthistorischen Stile von der Romanik über die Gotik und die Renaissance bis hin zu Barock,

Rokoko und Klassizismus „kopieren", dann tanzt hier Neuschwanstein bereits das erste Mal aus der Reihe. Es handelt sich hier um keine „kitschige" Kopie, sondern um eine vollständige Neukonzeption, die auf Altes, Bewährtes zurückgreift und dabei etwas völlig Neues schafft. Denn beim Höhepunkt – im wörtlichen wie im übertragenen Sinn – Neuschwansteins, dem Sängersaal, ließ Ludwig den Theatermaler Christian Jank aus dem Festsaal der Wartburg und der Sängerlaube des Sängersaals der Wartburg einen neuen Sängersaal zusammenstellen. Dieser diente seinerseits später wieder als Vorbild für Bühnenbilder des „Tannhäusers".

Es ist vielleicht nicht ganz richtig, Neuschwanstein als „Musterbau" des Historismus zu bezeichnen, denn dann hätten neuere, größere, schönere Nachfolgebauten entstehen müssen. Doch Ludwigs Burg blieb der Höhepunkt, dem nichts „Besseres" mehr nachfolgen konnte. Und so befindet sich unter dem Sängersaal der Thronsaal, der als

solcher kein Vorbild hatte und der auch keinen modifizierenden Nachfolger fand. Er sollte an einen byzantinischen Sakralraum wie die Hagia Sophia in Konstantinopel erinnern und wurde nach der Vorlage der Münchner Allerheiligen-Hofkirche konzipiert.

DER KÖNIG OHNE KRONE UND OHNE THRON

In der Apsis sind Jesus als Himmelskönig mit Maria und Johannes dem Täufer abgebildet, während sich die sechs heiliggesprochenen Könige dem darunter thronenden Monarchen zuwenden. Doch was fehlt, ist der Thron – er konnte nicht mehr fertig gestellt werden. Was dem König auch fehlte, das war die Krone. Denn die bayerischen Könige von Napoleons Gnaden wurden nie wirklich gekrönt, das heißt, die Krone wurde ihnen nicht aufs Haupt gesetzt. Die Kroninsignien wurden ihnen nur, auf einem Samtkissen, gezeigt. Nachdem sie in der konstitutionellen Monarchie schon keine absolutistische Macht besaßen, versuchte Ludwig hier, sinnbildlich, ein Heiligtum des von allem Übel erlösten und entsühnten Königtums zu errichten.

Es war Ludwigs viel zu kurzem Leben nicht vergönnt, sich unter dem göttlichen Schutz und im Angesicht Ludwigs des Heiligen, des Königs Ludwig IX. von Frankreich, seiner

Mitte:
Bei diesem Entwurf der äußeren Ansicht von Neuschwanstein sticht besonders der hohe Hauptturm ins Auge. Er wurde nicht gebaut. Die Zeichnung stammt ebenfalls von Christian Jank.

Oben:
Franz Ritter von Brandl war nicht nur reich an Erfahrung, sondern er hatte es auch zu einem beträchtlichen Vermögen gebracht. Und beides setzte er ein, um die Baumaßnahmen der königlichen Schlösser voranzutreiben. Der König verlieh ihm dafür mehrere Orden, darunter auch den mit dem persönlichen Adel verbundenen Verdienstorden der bayerischen Krone.

Links:
Auch dieser Entwurf für den Torbau von Neuschwanstein stammt von Christian Jank. Der Künstler stattete die berühmten „Separatvorstellungen" Ludwigs aus und wirkte mit bei der Ausgestaltung des Wintergartens in der Münchner Residenz. Der König verlieh ihm für seine Verdienste die Ludwigsmedaille und den Verdienstorden I. Klasse vom Hl. Michael.

Rechts:
Bereits um 1860 hatte Joseph Albert den Burgfelsen mit den Ruinen von „Vorderhohenschwangau" im Bild festgehalten, also lange bevor Ludwig hier an einen Neubau denken konnte. Den Namen „Neuschwanstein" erhielt die Burg erst nach Ludwigs Tod. Ludwig hatte das unebene Gelände durch Sprengungen begradigen lassen, um darauf sein Traumschloss zu errichten.

Mitte:
Um 1875 waren die Bauarbeiten an Neuschwanstein in vollem Gange. Beeindruckend – und wohl auch ein bisschen Furcht einflössend – sind die hohen Gerüste über dem Abgrund ... Das Bild ist uns vom Füssener Fotografen Ludwig Schradler übermittelt.

Rechts oben:
Auch bei dieser Aufnahme von Bernhard Johannes aus den Jahren um 1882 bis 1885 zeigt sich, dass Neuschwanstein noch lange nicht fertig war: es „kleben" immer noch Gerüste am steilen Hang.

Rechts Mitte:
Im Jahr 1886 waren auch die Bauarbeiten im oberen Schlosshof von Neuschwanstein noch in vollem Gange. Die Kemenate wurde erst nach dem Tod des Königs, 1892, fertig gestellt. Was wäre wohl aus dem Schloss geworden, wenn Ludwig noch hätte zu Ende bauen können und dürfen?

Rechts unten:
Bereits am 1. August 1886 wurden Neuschwanstein und die anderen Schlösser Ludwigs – die Heiligtümer des Königs, die nicht durch den profanen Anblick entweiht werden sollten – für den Publikumsbesuch geöffnet. Diese Aufnahme zeigt die äußere Gestalt nach der vorläufigen Herrichtung 1886 / 1887 für die ersten zahlenden Gäste.

Gedankenwelt hinzugeben. Was er noch erleben durfte, das war die Fertigstellung seines Schlafzimmers, des einzigen neogotischen Raumes im ganzen Schloss. Ausgestattet ist es mit dem modernsten Komfort der Zeit, fließendem kalten und warmen Wasser. Und wie sollte die Waschtischgarnitur in Neuschwanstein wohl anders gestaltet sein als in der Form eines Schwans!

Vorsprung durch Technik

Ursprünglich sollte der Bau von Neuschwanstein drei Jahre dauern, wie Ludwig 1868 Richard Wagner berichtete. Daraus wurde nichts, beziehungsweise daraus wurden viel mehr Jahre als ursprünglich geplant. Und danach war es noch nicht fertig. Das hat sicher auch damit zu tun, dass Ludwig II. nach der „alten deutschen Ritterburg" eine „Gralsburg" zu Ehren des Komponisten wünschte, woraus schließlich ein Sagen-Mekka werden sollte, wie es wohl kein zweites mehr gibt. Vorantreiben wollte der König die Künstler, bei deren bekannter „Langweiligkeit". Und vorantreiben wollte er auch die Fertigstellung des Baus mit allen zur Verfügung stehenden technischen Hilfsmitteln.

So erleichterten ein Dampfkran und eine Lokomobile den Transport des Baumaterials auf den Berg. Der gerade neu gegründete Dampfkessel-Revisions-Verein überprüfte dabei regelmäßig die beiden Dampfkessel auf ihre Sicherheit. Aus ihm ging später der Technische Überwachungs Verein (TÜV) hervor. Doch dem Ästheten Ludwig war natürlich auch das Aussehen wichtig. Sein Vater hatte 1845 die Marienbrücke über der Pöllatschlucht als Holzkonstruktion errichten lassen. Sie musste später erneuert und vor allem stabilisiert werden, was ihrem Aussehen nicht zuträglich war. Deshalb ließ Ludwig II. sie bereits 1866 durch eine filigrane Eisenkonstruktion ersetzen.

Von der Gralsburg zum Tourismusmagneten

Für Ludwig war die Gralswelt die ritterlichste und erhabenste Form christlichen Strebens. Und so steht im Mittelpunkt der ausgewählten Sagenvorlagen der zeitlebens unaufgelöste, ihn schwer belastende Konflikt einer sündhaft empfundenen Erotik. Deshalb sehnte er sich stets nach Reinheit und Heiligkeit. Im Arbeitszimmer beispielsweise finden wir die Darstellung Tannhäusers auf der Burg Trausnitz am Hofe Herzogs des Erlauchten und gegenüber die Verfluchung Tannhäusers durch den Papst in Rom.

Neuschwanstein wurde am Ende des 19. Jahrhunderts im damaligen deutsch-nationalen Sinn als richtige „teutsche Ritterburg" angesehen, eine Wertschätzung, die den „französischen" Schlössern Linderhof und Herrenchiemsee nicht widerfuhr. Die Burg bei Füssen hat also von Anfang an eine sehr positive Beachtung gefunden und ist vielleicht auch deshalb bis heute das bekannteste der Ludwig-Schlösser.

Der Sängersaal vom Schloss Neuschwanstein zeigte bereits um 1886 die Gestalt, wie sie bis heute überliefert ist. Im Gegensatz zum Thronsaal (dem der Thron – immer noch – fehlt) konnte sich also König Ludwig II. noch zu Lebzeiten daran erfreuen.

Auch im Schloss Neuschwanstein hatte sich der König einen Wintergarten einrichten lassen, wie diese Aufnahme aus der Zeit um 1886 zeigt. Er hat ungleich geringere Ausmaße als der berühmte Wintergarten in der Münchner Residenz, aber dafür ist er – im Gegensatz zu jenem – bis heute erhalten geblieben.

Dieses Bild zeigt die Tropfsteingrotte von Schloss Neuschwanstein um 1886. Viele heutige Besucher mögen beim Rundgang durch die prunkvollen und zuweilen überladen wirkenden Säle und Wohnräume des Schlosses erstaunt sein, wenn sie gleich neben dem königlichen Schlafzimmer in diese urig wirkende Welt eintreten ...

Linke Seite:
Aus der Vogelperspektive bietet sich von Südosten ein Blick auf das Hauptschloss und den oberen Schlosshof von Neuschwanstein. Die leichte Färbung einzelner Bäume lässt den frühen Herbst bereits erahnen.

Im Jahre 1866 ließ König Ludwig II. die Marienbrücke über der Pöllatschlucht mit einer filigranen Eisenkonstruktion erneuern. Sein Vater, König Maximilian II., hatte die ursprüngliche Holzbrücke zu Ehren seiner Gemahlin so benannt. Dem Schöngeist Ludwig war das plumpe Äußere ein Dorn im Auge und auch heute noch vertrauen die Menschen der für damalige Zeiten unerhört neuen Technik bei ihrem Spaziergang hoch über der Schlucht.

Rechts:
In Neuschwanstein verbindet der seitliche Flügelbau das Hauptschloss mit dem Torbau. Jener war als erstes fertig gestellt worden und diente dem König während der weiteren Bauarbeiten als Wohnung.

Ganz rechts:
Reich verzierte Kapitelle bilden den passenden Rahmen für die grandiose Aussicht von den Westbalkonen in die bayerische Bergwelt. Hier konnte König Ludwig II. von Bayern seinen Träumen einer absolutistischen Herrschaft nachgehen – und wenn er nicht die Ungnade der späten Geburt gehabt hätte, wären sie wohl auch in Erfüllung gegangen.

Rechte Seite:
Auch wenn das Wohnschloss Neuschwansteins weder richtige Ritter noch veritable Damen beherbergen sollte, so wird doch das linke Gebäude bis heute „Kemenate" und das rechte „Ritterhaus" genannt. In der Mitte befindet sich der Palas, wie seit alters her das Wohngebäude einer Burg genannt wird.

Rechts:
In Neuschwanstein sind selbst Türen zu Nebengelassen aufwändigst dekoriert. Es bleibt der Fantasie des Betrachters überlassen, ob die Enden der Beschläge französischen Lilien oder doch eher Drachenköpfen ähneln ...

Seite 42/43:
Die zentrale Kuppel des Thronsaals von Neuschwanstein ist der Hagia Sophia in Konstantinopel, heute Istanbul, nachempfunden. Während sie dort wegen der drohenden Einsturzgefahr weitere Stützen erhielt, ließ der technikbegeisterte bayerische König von vornherein eine tragende Eisenkonstruktion einplanen. Diese vermag auch mit Leichtigkeit den tonnenschweren Lüster zu tragen.

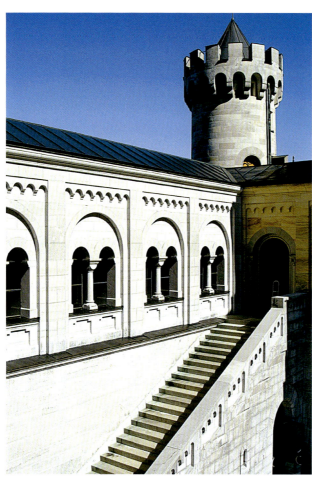

Linke Seite:
Die reich verzierten Kapitelle sowie die Ornamentmalerei in den Rundbögen verleihen dem Thronsaal von Neuschwanstein ein byzantinisch anmutendes Gepräge. Auf den heutigen Betrachter mögen die kräftigen Blau- und Goldtöne etwas „dick aufgetragen" wirken, doch sie entsprechen ganz und gar der Entstehungszeit, dem Historismus im 19. Jahrhundert.

Die Apsis des Thronsaals Neuschwanstein zeigt das Vorbild der Kirche St. Bonifaz in München. Während im Gurtbogen die Gaben des Heiligen Geistes dargestellt sind, präsentieren die Engel in den Eckzwickeln der Decke die Symbole des Königtums. Unter den sechs heilig gesprochenen Königen, zwischen den Palmen, befindet sich auch der französische König Ludwig der Heilige, auf den König Ludwig II. sein Königtum idealistisch begründet hat und der sein Namenspatron ist.

Hinter der unteren Säulengalerie des Thronsaals Neuschwanstein zeigen die Wandgemälde die Taten der heilig gesprochenen Könige. Diese Darstellungen werden im Obergeschoss fortgesetzt. Hier finden wir auch Ludwig den Heiligen, nach dessen Vorbild als Wohltäter König Ludwig II. seinen Arbeitern für die damalige Zeit ungewöhnliche Sozialleistungen gewährte.

Seite 46/47:
Der Sängersaal im obersten Geschoss Neuschwansteins ist Höhepunkt und krönender Abschluss einer jeden Führung durch das Märchenschloss des bayerischen Königs. Entstanden ist er nach dem Vorbild des ebenfalls historistischen gleichnamigen Raumes auf der Wartburg bei Eisenach. Hier fanden jedoch zu Ludwigs Lebzeiten keine musikalischen Darbietungen statt.

SPECIAL LUDWIG II.

FREUNDSCHAFTEN LUDWIGS II. – VON RICHARD WAGNER BIS ZUM TREUEN HOFFRISEUR

Rechts:
1864 porträtierte Joseph Albert den später weltbekannten Komponisten Richard Wagner – damals allerdings war er gerade den Fängen seiner Gläubiger entkommen und beim bayerischen Märchenkönig, finanziell gesehen, sanft gelandet. Der König blieb ihm – und vor allem seinen Werken – bis zum Tod und darüber hinaus treu.

Schon aus Ludwigs Kindheit ist bekannt, wie gerne er Menschen beschenkte. Waren es für seinen Bruder Otto noch relativ bescheidene Zinnsoldaten, so reichte in den frühen Königsjahren an den Weihnachtstagen der Billardtisch im Schloss Hohenschwangau oft nicht aus, um all' die Präsente für Familie und Dienerschaft aufzunehmen. Das größte Geschenk überhaupt wollte er seinen treuen bayerischen Untertanen mit der hohen Kunst Richard Wagners machen. Doch dazu war es erst einmal nötig, dem finanziell auf äußerst wackeligen Beinen stehenden Komponisten auf die Füße zu helfen.

Die reichlichst fließenden Zuwendungen an den „sächsischen Revolutionär" wurden von der Ministerialbürokratie ebenso wenig gut geheißen wie von Teilen des Volkes – beide schwebten nicht in den gleichen Sphären wie Komponist und Mäzen. Auch das vom großen Meister Semper geplante Fest-

Rechts und ganz rechts:
Zwei ungewöhnliche Bilder in mancherlei Hinsicht: zum Ende der Reise in die Schweiz ließ sich König Ludwig II. zusammen mit dem Schauspieler Josef Kainz (1858 – 1910) im Atelier Synnberg in Luzern fotografieren. Das war, vom Verlobungsfoto abgesehen, das einzige Mal, dass sich der König zusammen mit einer anderen Person ablichten ließ. Unerhört für die damalige Zeit: der König steht und der junge Mann sitzt! Ebenfalls unerhört war, dass der (stehende) Schauspieler dem König die Hand auf die Schulter gelegt hatte – dies wurde allerdings bald nach dem Entstehen der Bilder wegretuschiert und dabei ist es auch geblieben … Kainz muss auf den König einen sehr großen Eindruck gemacht haben und so nannte ihn auch Hugo von Hofmannsthal in seinen „Gedächtnis-Versen" einen „niebezauberten Bezauberer".

spielhaus fiel in der Haupt- und Residenzstadt nicht auf fruchtbaren Boden. Ja, es ging sogar soweit, dass König Ludwigs II. Günstling Richard Wagner vom Volk aus München vertrieben wurde wie einst die schöne „Spanische Tänzerin" Lola Montez zu Zeiten König Ludwigs I.

So hoch jubelnd Ludwig die pompösen Werke Wagners pries, so war er doch menschlich von seinem göttergleichen Haus- und Hofkünstler enttäuscht. Beinahe zu einer Staatskrise hätte es geführt, dass Wagner seinem Gönner verschwiegen hatte, dass er dem besten Freund die Frau ausgespannt hat. Es mag viele Gründe gegeben haben, warum König Ludwig II. seine Cousine Herzogin Sophie in Bayern hofierte. Der Verlobung folgte noch im selben Herbst die Entlobung, worüber man in Hofkreisen wie gleichermaßen im Volk erheblich entrüstet war.

Dabei hatte die Königin-Mutter dem königlichen Großvater insgeheim anvertraut, ihr Sohn wolle mit Sophie nur in „Engelsehe" leben. Das muss Ludwig I. schwer getroffen haben, war er doch als Schwerenöter allererster Klasse bekannt. Ludwig II. lehnte alle weiteren Annäherungsversuche des schönen Geschlechts ab, was zuweilen recht deutlich ausfallen konnte wie das Beispiel einer Schauspielerin zeigte. Sie ließ sich in den See des Wintergartens plumpsen in der Hoffnung auf allerhöchst königliche Rettung – Ludwig hingegen ließ die tropfnasse Walküre durch einen Lakaien aus dem Wasser ziehen.

Über das Verhältnis Ludwigs zu so manchem Diener, Stallmeister oder Bereiter gab es schon viele Mutmaßungen. Auch die legendäre Reise mit dem Schauspieler Josef Kainz in die Schweiz ist in aller Munde. Wenn auch Kainz auf einem Original-Foto dem König die Hand auf die Schulter gelegt hatte (spätere Reproduktionen wurden retuschiert), so hatte er es sich mit seinem Bewunderer doch verdorben. Auf einem Schiff war er eingeschlafen. Als er wieder erwachte, befürchtete er ob seines Mangels an Respekt das Schlimmste. Aber der König sagte nur: „Sie haben aber geschnarcht."

Wer ihm treu bis zum Tod und darüber hinaus blieb, das war Kaiserin Elisabeth von Österreich. Mit ihr hatte er auf der Roseninsel so manch' elegisches Gedicht gewechselt und sie schimpfte noch im Jahr 1886 wie ein Rohrspatz auf den Prinzregenten, der schuld an allem sei. Geblieben sind dem König in den letzten Monaten der treue Hoffriseur und viele Freunde und Fans in aller Welt, in deren Herzen der Märchenkönig bis heute lebt.

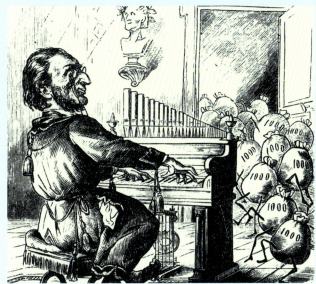

Ganz links:
Der königliche Stallmeister Richard Hornig war viele Jahre lang ständiger Begleiter des Königs und auch dessen Privatsekretär. Für das richtige „Blau" der Linderhofer Grotte durfte – oder musste – er zwei Mal nach Capri reisen.

Links:
Am 10. Dezember 1865 erschien diese Karikatur mit dem Titel „Ein neuer Orpheus" im „Münchener Punsch": Richard Wagner spielt vor tanzenden Geldsäcken.

Links:
Die Sopranistin Josefine Scheffzky betörte den König durch ihre Stimme, nicht jedoch mit ihrem Aussehen: sie wollte die Gunst nutzen, als eine der wenigen vom König in den Wintergarten der Münchner Residenz eingeladen worden zu sein. Wie diese zeitgenössische Illustration zeigt, war ihr plumper Annäherungsversuch – durch ein „unabsichtliches" Fallen in den künstlichen See – vergebens, denn der König rettete sie nicht selbst, sondern klingelte zu diesem Behufe einem Diener...

Ganz links:
Vom königlichen Hoffotografen Joseph Albert stammt dieses Foto aus dem Jahre 1867, bei dem die Verlobte, Herzogin Sophie in Bayern, ihrem zukünftigen Gemahl vorliest. Das Band zwischen den beiden war die Hingabe an die Opern Richard Wagners – und nur sehr dünn, wie wir wissen, denn der Verlobung folgte keine Hochzeit.

Links:
Sissi, die spätere Kaiserin Elisabeth von Österreich, wurde 1853 von August Fleischmann hoch zu Ross in Possenhofen porträtiert. Sie war eine Cousine Ludwigs und zeitlebens enge Vertraute des Königs. Getrübt hatte das Verhältnis Ludwigs Entlobung von ihrer Schwester Sophie, doch sie hat ihm wieder verziehen und konnte seinen Tod wohl nie verwinden.

Linke Seite:
Ornamentale Muster, kleine Säulchen mit reich geschmückten Kapitellen und großformatige Wandbilder zwischen den Fenstern prägen das Erscheinungsbild der Längsseite des Sängersaals von Neuschwanstein. Dargestellt ist die Szene, in der Parsifal von Kundrie zum Gralskönig berufen wird.

Die Wohnräume im dritten Obergeschoss des Palas von Neuschwanstein konnte König Ludwig II. erstmals im Mai 1884 beziehen. Auch für das Arbeitszimmer wurden die Möbel von Anton Pössenbacher geliefert, die Textilien von den Schwestern Jörres, die Leuchter von Eduard Wollenweber. Die Wandbilder zeigen Szenen aus Thannhäuser.

Hohe Standleuchter sorgen im Sängersaal von Neuschwanstein für ein magisches Licht. Die Wandbilder stellen romantische und auch heroische Szenen dar wie die Hochzeit Parsifals mit Condviramour oder seinen Kampf mit den roten Rittern.

Seite 52/53:
Im großen Salon oder Wohnzimmer von Schloss Neuschwanstein befindet sich die „Schwanenecke", ein durch Säulen abgetrennter Raum, den König Ludwig II. bevorzugt zum Lesen aufsuchte. Das große Wandgemälde von Wilhelm Hauschild stellt das „Gralswunder" dar, „Lohengrins Erwählung durch den heiligen Gral".

Rechte Seite:
Der Betthimmel im Schlafzimmer von Neuschwanstein ist überreich mit neugotischem Schnitzwerk geschmückt, das seine Höhepunkte in Fialen-ähnlichem Zierrat findet. Im Schlafzimmer ließ sich der König einen Waschtisch mit fließendem kalten und warmen Wasser einbauen – die Waschtischgarnitur natürlich in Form eines Schwans. Direkt an diesen Raum schließt sich seine kleine Kapelle an.

Kapitelle mit reichen Bildhauerarbeiten schmücken die Säulen zwischen Salon und „Schwaneneck". Sie symbolisieren die Grundlagen der mittelalterlichen Welt in Deutschland. Auch hier zeigen die Wandbilder Szenen des „Schwanenritters" Lohengrin.

Das Schlafzimmer ist der einzige neugotische Raum im Schloss Neuschwanstein. Das zeigt sich unter anderem an den „Fialen", die schmückend die Möbel und die Lamberien oben abschließen. Die ausdrucksvolle Darstellung Tristans auf dem Krankenlager erscheint für diesen Raum besonders vorausahnend, wurde Ludwig II. doch hier sein „Todesurteil", das psychiatrische Gutachten mit seiner Absetzung als König, überbracht.

Seite 56/57:
Aus der Vogelperspektive bietet sich nicht nur ein herrlicher Blick auf das stolze und mächtige Schloss Neuschwanstein, auch die abgeschiedene Lage des größeren Alpsees und des kleineren Schwansees offenbart sich hier besonders eindrucksvoll. Zwischen den beiden Seen befindet sich auf einem Hügelrücken das Schloss Hohenschwangau.

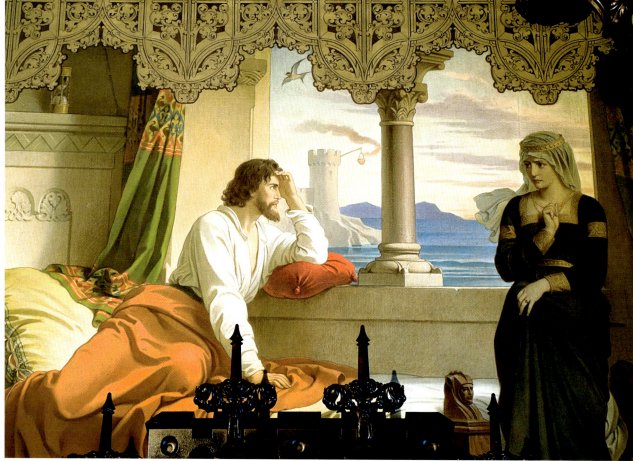

SPECIAL LUDWIG II.

EIN BAYERISCHER PREUSSE WIRD KÖNIG – DIE KINDHEIT LUDWIGS II.

Mitte:
Die königliche Familie wurde 1860 vom Hoffotografen Joseph Albert in „bürgerlicher" Kleidung fotografiert. Kronprinz Ludwig hatte im Alter von fünfzehn Jahren schon fast die Größe seines Vaters, König Maximilian II., erreicht. Königin Marie ist die stolze Mutter von Ludwig und Otto.

Rechts:
Ebenfalls im Jahr 1860 entstand diese Fotografie von Joseph Albert. Da Ludwig hier sitzt, ist der Alters- und Größenunterschied zwischen ihm und seinem Bruder Otto nicht auf den ersten Blick erkennbar.

Rechts Mitte:
Dieses Foto des sechzehnjährigen Ludwig scheint schon etwas über seine spätere träumerische Natur aussagen zu wollen. Aufgenommen hatte es Joseph Albert im Jahr 1861.

Ganz rechts:
Königin Marie mit ihren Söhnen Ludwig und Otto auf der Treppe ihres Lieblingsschlosses, Hohenschwangau: diese Aufnahme von Joseph Albert entstand im Jahr 1860.

101 Kanonenschüsse verkündeten am 25. August 1845 die frohe Botschaft: dem Kronprinzen ward ein Sohn geboren. Die Mutter, Marie Friederike von Preußen, war glücklich und als stolzer Vater präsentierte sich Kronprinz Maximilian. Wessen Brust vor Freude fast zersprang, das war König Ludwig I. War sein Enkel und möglicher Nachfolger doch an seinem Geburts- und Namenstag geboren! Und deshalb drängte er die Eltern darauf, dass das Kind in der Wiege seinen Namen bekommen sollte: Ludwig.

Die Vorfahren väterlicherseits entstammten einer Nebenlinie der kurpfälzischen Wittelsbacher, Birkenfeld-Bischweiler-Rappoltstein-Zweibrücken. Nachdem die altbayerische Linie der Wittelsbacher 1777 im Mannesstamm ausgestorben war, hatte mit Kurfürst Karl Theodor gut zwanzig Jahre lang die Linie Sulzbach das Sagen gehabt. Mit dessen Tod erlosch auch diese Linie, so dass mit Maximilian IV. Joseph eine Linie mit vielerlei Streubesitz das Anrecht auf den Thron des Kurfürsten

von Bayern erwerben konnte; die ansonsten weniger bekannten Ortschaften zeigen an, dass es sich hier um die Mini-Ausgabe eines Duodez-Fürstentums handelte. Maximilian IV. Joseph erhielt 1806, als Maximilian I. Joseph, die bayerische Königswürde von Napoleons Gnaden: die bayerischen Könige sind also keine Bayern, sondern Pfälzer.

Mütterlicherseits war der bayerische Märchenkönig ein gestandener Preuße. Marie Friederike war die Nichte Wilhelms I., des späteren Kaisers von Bismarcks Gnaden. Ludwig war mit seiner preußischen Verwandtschaft nicht immer einer Meinung und er bezeichnete einmal selbst seine Mutter etwas abfällig als „preußische Prinzeß". In seinen Kindheits- und Jugendjahren unternahmen die Eltern mit ihm und mit seinem Bruder viele Wanderungen in den bayerischen Alpen, wofür sich besonders die aus dem flachen Berlin stammende Mutter begeisterte.

Ludwigs Bruder Otto wurde im schicksalsschweren Jahr 1848 geboren, in dem Jahr, in dem König Ludwig I. zugunsten seines Sohnes Maximilian I. abdankte. Ludwig wurde damit bereits im zarten Alter von drei Jahren zum Kronprinzen. Das Verständnis seiner hohen Stellung zeigte er auch schon in frühen Jahren spielerisch und doch ernst gemeint seinem jüngeren Bruder. Otto rebellierte nicht dagegen, so dass aus den beiden Geschwistern gute Spielkameraden wurden und in den ersten Regierungsjahren nahm der junge König Ludwig II. seinen Bruder bei Repräsentationspflichten stets an seine Seite.

Vom Vater wird erzählt, dass er nach einem Unfall des königlichen Sonderzuges 1859 verfügt hatte, in Zukunft sollte „Mäßige Fahrgeschwindigkeit" eingehalten werden. Diesem Motto blieb der stets um seine Entschlüsse ringende Monarch auch außerhalb der Dampfzüge treu. Maximilian I. hatte die Burgruine Hohenschwangau im Stil der Zeit gotisierend neu errichten lassen und die dortige Sagenwelt faszinierte den jungen Kronprinzen schon von Kindesbeinen an. Wenn auch das Verhältnis der Eltern zu ihren Söhnen oft als distanziert beschrieben wird, so war doch der allzu frühe Tod Maximilians I. im Jahre 1864 ein tiefgreifender Einschnitt, den Ludwig so schnell nicht verwinden sollte: er wurde mit knapp 19 Jahren König von Bayern. Ein schöner hochgewachsener Jüngling sollte unvorbereitet eine Rolle ausfüllen, die selbst manch' gestandenem Mannsbild schwer gefallen wäre.

Links:
König Maximilian II., Königin Marie und Kronprinz Ludwig zeigen ernste Gesichter: ob sie zu dem Zeitpunkt das nahe Ende des Vaters und die hohe Bürde für den jugendlichen König schon geahnt haben?

Links:
Ernst Friedrich August Rietschel (1804 – 1861) war einer der bedeutendsten deutschen Bildhauer des Spätklassizismus. Er porträtierte 1850 den fünfjährigen Ludwig mit einer Trommel. Da der Großvater, König Ludwig I., zwei Jahre vorher abgedankt hatte, war Ludwig nun schon Kronprinz – und er freute sich über die kindliche „Bautätigkeit", die der Enkel (wie den Vornamen) wohl von ihm geerbt hatte.

Ganz links:
Bergtouren gehörten zu den Lieblingsbeschäftigungen der königlichen Familie. Hier sind die königlichen Prinzen Ludwig und Otto in zünftiger Kleidung zu sehen. Diese Aufnahme von Joseph Albert entstand um 1858 / 1859.

Ganz links:
Eines der bekannten Werke des Porträt- und Genremalers Erich Correns (1821 – 1877) ist diese Lithographie aus dem Jahre 1850: die königliche Familie in Hohenschwangau. Der fünfjährige Ludwig wird, typisch für die Zeit, in Mädchenkleidung dargestellt.

Links:
Ludwig wurde am 25. August 1845 in Schloss Nymphenburg bei München als Sohn des Kronprinzen Maximilian und der preußischen Prinzessin Marie geboren. Durch die Abdankung des Großvaters, König Ludwig I., 1848 wurde sein Vater und später er selbst bereits im Alter von nur 19 Jahren bayerischer König.

Wer urwüchsige Natur oder Ruhe und Erholung sucht, wird in unmittelbarer Umgebung der beiden Königsschlösser Hohenschwangau und Neuschwanstein fündig. Der Alpsee und der Schwansee laden zum erfrischenden Bade. Heute bilden die beiden Seen zusammen mit dem Faulenbacher Tal ein Landschaftsschutzgebiet. Im 19. Jahrhundert gehörte der „Schwanseepark" zum Schloss Hohenschwangau. Nach dem Tod von Carl August Sckell hatte der berühmte preußische Gartenkünstler und Landschaftsarchitekt Peter Joseph Lenné den Park gestaltet. Der ehemalige Schlosspark ist heute stark zugewachsen und umso idyllischer.

Seite 62/63:
Im Winter scheint das Schloss Neuschwanstein eins zu werden mit der Landschaft, in ihr aufzugehen. Das ist auch die Zeit, in der die Touristenströme langsamer fließen, die Schlangen an den Kassen kürzer sind: ein Besuch im Winter lohnt sich mindestens ebenso wie in den übrigen Jahreszeiten.

DIE „KÖNIGLICHE VILLA" – SCHLOSS LINDERHOF

Das kleinste der Ludwig-Schlösser ist gleichzeitig das einzige „bayerische" und das einzige, das je fertig wurde. Vorbilder fand es nicht nur in Versailles oder dem dortigen Trianon, auch die Kaiservilla in Bad Ischl, die Villa Berg der Königin Olga von Württemberg oder das „Englische Dörfle" in Hohenheim trugen ihren Teil dazu bei. Die Planungen für das Schloss lieferte der Architekt Georg Dollmann ab 1868 und den passenden, grandiosen Rahmen bilden nicht nur die Berge, auch die Parkgestaltung von Carl von Effner kann sich wahrhaft sehen lassen. Der Theatermaler Christian Jank war auch mit von der Partie, doch die eindrucksvollsten Theaterinszenierungen lieferte der König selbst – wenn er nächtens mit dem beleuchteten Rokoko-Schlitten seine Ausfahrten in die Bergwelt unternahm.

Während sich die „Hundinghütte" und die „Einsiedelei des Gurnemanz" einst einige Kilometer vom Schloss entfernt mitten im Wald befanden, blieb die „Venusgrotte", was und wo sie war: den Strom lieferte das erste Elektrizitätswerk Bayerns und für das schöne Blau durfte der Stallmeister mehrfach nach Capri reisen. Einkäufe auf der Pariser Weltausstellung schließlich bescherten dem Park das „Marokkanische Haus" und den „Maurischen Kiosk". Und hier finden wir das, was der „Königlichen Villa" fehlt: den märchenhaften Pfauenthron.

Von den Terrassengärten aus gesehen wirkt das Schloss Linderhof wie in einem Spielzeugland. Hier wird deutlich, wie der bis ins kleinste Detail geplante Park fließend in die urwüchsige Landschaft und in die Wälder übergeht.

Seite 66/67:
Das Schloss Linderhof kann man zu Recht als „Königliche Villa" bezeichnen, denn im Gegensatz zu den großen Ausmaßen des Wasserparterres wirkt es wie ein kleines Sommerhaus. Die geometrische Anordnung der Treppenanlagen, Springbrunnen und Hecken fügt sich harmonisch in die Welt der bayerischen Berge ein.

Bis zu zweiundzwanzig Meter hoch reichen die Wassermassen der Fontäne vor dem Schloss Linderhof. Betrieben wird sie nur durch den Druck des natürlichen Gefälles. Gegen diese Höhe scheinen die Berge im Hintergrund, die sonst doch so majestätisch wirken, viel niedriger zu sein.

Flora im Bade – die römische Göttin der Blumen und Blüten wendet sich dem Schloss Linderhof zu und scheint sich hinter dem Wasserschleier verstecken zu wollen. Zusammen mit den sie umgebenden Putten, die sich ob des Getöses auch schon einmal die Ohren zuhalten, ist diese vergoldete Figurengruppe sicher eine der bekanntesten im ganzen Schlosspark.

Seite 70/71:
Die farbenprächtigen Blumenrabatten nach französischer Art werden von akkurat geschnittenem Buchs im Zaum gehalten. „Bewacht" wird dieser barocke Garten von der mächtigen Königslinde. Das Schlösschen Linderhof tritt dabei ganz in den Hintergrund.

69

SPECIAL BAUGESCHICHTE

Von der Jagdhütte des königlichen Vaters zu „Klein-Versailles" im Graswangtal – Schloss Linderhof

Mitte:
Eine der bekanntesten Sehenswürdigkeiten von Ludwigs Schlössern erkennt man gar nicht auf den ersten Blick als solche: es handelt sich um das berühmte „Tischlein deck dich". Nicht nur für den heutigen Besucher wirkt der Tisch ganz „normal", auch der König konnte sich der Illusion hingeben, wie von Zauberhand einen reich gedeckten Tisch vorzufinden ...

Das „Königshäuschen" in Linderhof war vielleicht diejenige der vom Vater geerbten Jagdhütten, die König Ludwig II. am meisten liebte. Zusammenhängen kann das auch damit, dass das Gebiet schon lange zum Kloster Ettal gehörte, zu dem Ludwig eine besondere Beziehung hatte. Schließlich war es einst gestiftet worden von einem seiner wichtigsten Wittelsbachischen Ahnen, Ludwig dem Bayern, seines Zeichens erster Kaiser der Dynastie. Doch nicht nur durch die Geschichte, sondern mindestens genau so sehr durch die abgeschiedene Lage schien es Ludwig der geeignete Rückzugsort zu sein.

Nach einem Aquarell von Heinrich Breling (1849 – 1914) entstand dieses Foto von Joseph Albert, das in Lichtdruck reproduziert und in einem König-Ludwig-Album der Deutschen Verlagsanstalt veröffentlicht wurde. König Ludwig II. hatte sich in der uralten Linde von Linderhof einen Freisitz errichten lassen, auf dem er mit einem seiner seltenen Gäste, dem Schauspieler Josef Kainz, tafelte.

Viele Umbauten und noch viel mehr Umbaupläne ließen aus einem hölzernen Ständerbau ein prächtiges Rokoko-Schlösschen werden. Das kleinste und intimste der Ludwig-Schlösser ist auch dasjenige, das er am längsten bewohnte. Einem Anbau an das „oberbayerische Bauernhaus" seines Vaters folgte die Versetzung desselben und die Neuerrichtung der heutigen „Königlichen Villa", erst einmal in der überkommenen Holzbauweise. Diese wurde verkleidet und üppigst geschmückt. Nicht entfernt sondern gehegt und gepflegt wurde die hunderte Jahre alte Königslinde. Hier hatte sich Ludwig einen Baumsitz errichten lassen, auf dem er mit einem seiner wenigen auserwählten Besucher tafelte, dem Schauspieler Josef Kainz.

Rückzug vom Rückzug

Kam schon – speziell aus der Sicht der Ministerialbürokratie im fernen München – der Rückzug des Königs ins abgeschiedene Graswangtal, nahe der Grenze zu Tirol, einem Affront gleich, so genügte dies Ludwig noch lange nicht. Wohl konnte er in seiner königlichen Wohnung in der Beletage über den Dienstbotenräumen im Parterre thronen, doch was er nicht vorgesehen hatte, war ein Thron. Dieser sollte erst später folgen und zwar dort, wo man ihn kaum vermuten würde. Denn Ludwig plante in der ihm ganz eigenen Auffassung von Historismus eine Mischung aus Versailles und dem dortigen Lustschlösschen Trianon. Die Grenzen sind fließend, nicht nur im Park, der sich endlos in die umgebende Bergwelt zu ergießen scheint.

Links:
Hier sieht man einmal einen der königlichen Prunkwägen im Einsatz; der König hatte ihn vor Schloss Linderhof vorfahren lassen. Offensichtlich reichte der Schnee nicht für eine Schlittenfahrt – wobei der König ja sogar stolzer Besitzer eines Gefährts mit auswechselbarem Unterbau für Räder oder Kufen war. Joseph Albert hielt die Szene um 1885 im Bild fest.

Links:
Um 1886 entstand diese Weitwinkelaufnahme des Audienzzimmers in Schloss Linderhof von Joseph Albert. Da hier kaum Audienzen stattfanden, wird der Raum entsprechend seiner Nutzung durch den König auch als Arbeitszimmer bezeichnet. Ludwig II. konnte sich durch den Thronbaldachin über seinem Arbeitsplatz gut „beschirmt" fühlen ...

Ganz links:
Um 1874 war die Baustelle der Terrassenanlage am Linderbichl in Linderhof in vollem Gange, wie dieses Foto von Joseph Albert zeigt. Der König stand der noch relativ jungen Fototechnik sehr aufgeschlossen gegenüber und ließ nicht nur die Baufortschritte seiner Schlösser im Bild festhalten. Auch Bewerbungen von Schauspielern musste ein aussagekräftiges Foto beigelegt werden, wie wir von Josef Kainz wissen.

Das Schloss Linderhof ist keine Kopie von Versailles, denn dazu fehlt ihm neben dem Thronsaal vor allem auch die Größe. Man könnte hier das Vorbild Trianon vermuten, doch dieses „Lustschlösschen" ließ sich Ludwig in verschiedener Weise im Park und auch noch weiter weg in den Bergwäldern errichten. Neben der berühmten Tannhäuserschen „Venusgrotte" faszinierte ihn auch die walkürenhafte „Hundinghütte". Anders als in Neuschwanstein, wo die Sagengestalten fast nur flach an den Wänden haften, gibt es im Linderhofer Park noch ein weiteres begehbares Bühnenbild, die „Einsiedelei des Gurnemanz", nach dem dritten Aufzug von Wagners „Parsifal".

Links:
Diese Aufnahme von Joseph Albert entstand um 1886. Sie zeigt das östliche Gobelin-Zimmer in Schloss Linderhof. Die „Königliche Villa" im Graswangtal war das einzige Schloss, das fertig gestellt wurde und das der König immer wieder für längere Zeit bewohnte.

Mitte:
Der bekannte Genremaler Heinrich Breling avancierte zum Maler am Hof von König Ludwig II. Im Jahr 1882 schuf er dieses Aquarell der Hundinghütte, das bei der Rekonstruktion 1990 als Vorlage diente. Nach Richard Wagners Angaben sollten die Äste einer mächtigen Esche durch das Dach der Hütte hindurchwachsen.

Einst stand die alte, stolze Linde, die Linderhof den Namen gab, noch mitten in der Landschaft, wie das vor der Anlage des Parks entstandene Bild zeigt. Aber es

führte bereits ein Fußweg zu ihr hin und um sie herum – ein Zeichen für die große Verehrung, die ihr entgegengebracht wurde. Sie steht wie ehedem an ihrem angestammten Platz, nun eingebettet in die herrliche, von Carl von Effner meisterlich geplante Parkanlage.

Orient in den bayerischen Alpen

In dieses opernhaft schwere Ambiente, das auf Zeitgenossen, wenn sie es denn erblicken durften, befremdend wirkte, zog sich der König gerne zurück. Und hier mögen ihm auch die Ideen zugeflogen sein für seine weiteren Projekte. Er erwarb 1876 den „Maurischen Kiosk" und kurz danach, 1878, das „Marokkanische Haus". Beide ließ er auf das prächtigste neu ausstatten und hier finden wir auch endlich das Gesuchte: der Pfauenthron ist wohl die berühmteste Sehenswürdigkeit im ganzen Graswangtal und weit darüber hinaus. Es bedarf nicht viel Fantasie sich vorzustellen, wie sich König Ludwig II. hier ganz im Sinne illusionistischer Theaterinszenierungen in ein neues, ein besseres, ein weit vom bedrückenden Alltag entferntes Königreich hineinträumte.

Einen Prototypen hatte Ludwig einige Jahre vorher errichten lassen, der auf seine Art noch exotischer erscheinen mag. Das „Türkische Zimmer" wirkt zwar auf den ersten Blick weniger spektakulär, doch hier macht es die Lage aus. Nicht im Ammergebirge, sondern im Wettersteingebirge, nicht im Voralpenland, sondern im Hochgebirge, auf einer Höhe von knapp 1900 Metern, befindet sich das „Schachenhaus". Noch viel weiter von der „Zivilisation" entfernt, von der Welt entrückt, könnte man es als Fortsetzung der Linderhofer Parkbauten ins Unendliche bezeichnen.

Vom alten Byzanz bis zum fernen China

Die weit fliegenden Pläne Ludwigs werden in Linderhof noch deutlicher als in seinen beiden anderen Schlössern. So gab es Pläne für einen „Arabischen Pavillon", für eine barocke Schlosskapelle, für ein Theater nach dem Vorbild des Alten Residenztheaters in München und für einen „Hubertuspavillon". Noch im Todesjahr hatte Ludwig

seinen Architekten Julius Hofmann damit beauftragt, zwei gigantische Projekte zu entwerfen. Im Graswangtal sollte ein „Byzantinischer Palast" entstehen und am Plansee ein „Chinesischer Palast".

Gerade hier stellt sich auch die Frage, ob dem König nicht das Planen wichtiger war als das Bauen. Die vielen Anbauten, Umbauten, Abrisse und Neuplanungen an dem kleinen Schlösschen Linderhof erreichten ihren Höhepunkt – und durch den frühen Tod des Bauherrn auch ihren Schluss – in der Erweiterung und Neuausstattung des königlichen Schlafzimmers. Ludwig konnte sich leider nicht mehr daran erfreuen und diese Arbeiten wurden erst 1887, in vereinfachten Formen, abgeschlossen.

Ein Traum wird wahr

Im Graswangtal wollte sich König Ludwig II. seinen Traum vom „Versailles" in den bayerischen Alpen verwirklichen. Zwölf aufeinander folgende Projektplanungen hatte es zu diesem Zweck gegeben. Allerdings stellte sich dann heraus, dass es zu wenig Wasser gab, dass die ganze Ortschaft hätte aufgekauft werden müssen und schließlich dass die Verlegung der Straße um die Gebirgsstöcke zu teuer werden würde. Den Traum gab der König deshalb

Links:
Der Maurische Kiosk wurde von dem Berliner Architekten Karl von Diebitsch für die Pariser Weltausstellung 1867 geschaffen. 1876 konnte ihn König Ludwig II. für den Park von Schloss Linderhof erwerben.

Unten links:
Die Einsiedelei des Gurnemanz (historisches Bild) stand ursprünglich in der Nähe der Hundinghütte und war nach dem Vorbild des dritten Aktes der Wagneroper „Parsifal" errichtet worden. Sie wurde im Jahr 2000 rekonstruiert und ist heute im Schlosspark von Linderhof zu finden.

aber noch lange nicht auf. In einem Deckenbild des Spiegelsaals erscheint er das erste Mal, märchenhaft entrückt. Der Maler Eduard Schwoiser hat hier ein Inselschloss wiedergegeben, das vereinfachend die Formen Herrenchiemsees vorwegnimmt. Und so wurde Ludwigs Traum doch noch Wirklichkeit, wenn auch an einem ganz anderen Ort.

Traumhaft erscheint auch den heutigen Besuchern noch die idyllische Abgeschiedenheit dieses märchenhaften Schlösschens mit seinen Wasserspielen, eingebettet in die malerische Bergwelt. Die Pracht der Rokoko-Ausstattung steht in einem reizvollen Kontrast zu den urtümlich wirkenden „Bühnenbildern" im Park, aber auch zu den orientalischen Pavillons. Und mit diesen Bauten gilt der Park von Linderhof als bedeutendste historische Schöpfung seiner Art.

Links und oben:
1875 hatte Ludwigs Architekt Georg von Dollmann den Theaterbau für Linderhof entworfen (links). Sein Hofmaler Ferdinand Knab fertigte diese Situationsskizze (oben), im Vordergrund ist die alte Linde zu sehen. König Ludwig II. gab das Projekt aber auf: er empfand den ganzen von seinem Hofgärtner Carl Joseph von Effner geplanten Schlosspark als „Kulisse" und da hätte ein „reales" Theater nur gestört.

Links und unten:
Die strenge axiale Symmetrie der Treppenanlage zum Venustempel wird nur durchbrochen von der Königslinde. Während sich im Bassin des Wasserparterres die römische Göttin Flora sonnt, thront hoch darüber auf dem so genannten „Linderbichl" Venus, die Göttin der Liebe.

Seite 78/79:
An der Stelle, an der einst der Bau eines Theaters für das Schloss Linderhof geplant war, finden wir in einem griechischen Rundtempel die überlebensgroße Marmorfigur der Venus. Flankiert wird sie von zwei Amoretten, kleinen Liebesgöttern. Nach Venus wurde einst der sechste (heute fünfte) Wochentag benannt, zum Beispiel im Französischen als „vendredi"; die Germanen setzten sie mit der Göttin Freya gleich, so dass im Deutschen daraus der „Freitag" wurde.

Inmitten des Ostparterres vom Schlosspark Linderhof wird die Figurengruppe Venus und Adonis von den Allegorien der vier Elemente flankiert. Während die Göttin der Liebe mit ihrem Geliebten, dem Gott der Schönheit, ins Zwiegespräch vertieft ist, bekräftigt dies ein kleiner vergoldeter pfeilschießender Amor im Hintergrund.

Bei einer anderen Perspektive sehen wir nur noch Venus und Adonis, während Amor von ihnen verdeckt wird. Die Hainbuchenhecken scheinen ihnen Schutz zu geben.

Der Musikpavillon bietet als nördlicher Aussichtspunkt einen schönen Blick über das Schloss Linderhof und das Gartenparterre bis hinüber zum Venustempel und dem dahinter liegenden Kuchelberg. Er selbst scheint mit der Landschaft eins zu werden.

Von Fama, in der römischen Mythologie die Personifizierung des Gerüchtes und des Klatsches, wird Wahres und Falsches ausposaunt. Die Flügel sorgen dabei für die rasche Verbreitung der Gerüchte. Wer keine „reine Weste" hat, kann vielleicht in den Laubengängen Schutz finden …

Linke Seite:
Amor schießt seinen Pfeil in Richtung der Ostfassade von Schloss Linderhof. Dahinter verbirgt sich das Speisezimmer – König Ludwig II. konnte sich also mehrmals am Tag angesprochen fühlen ...

Der Blick durch die Bäume auf den Hauptgiebel von Schloss Linderhof zeigt eindrucksvoll die Figur eines Atlas'. Laut der griechischen Mythologie war er einer der Titanen, die gegen die Götter kämpften. Als Strafe für seine Teilnahme am Kampf verdammte ihn Zeus dazu, für alle Zeiten die Weltkugel auf seinen Schultern zu tragen.

Der Maurische Kiosk ist, zumindest aus unserer heutigen Sicht, eines der beiden besonders exotisch anmutenden Gebäude im Schlosspark von Linderhof. Er war auf der Weltausstellung in Paris gezeigt und – auf Umwegen – von König Ludwig II. erworben worden. Der König folgte damit also einem Modetrend der Zeit.

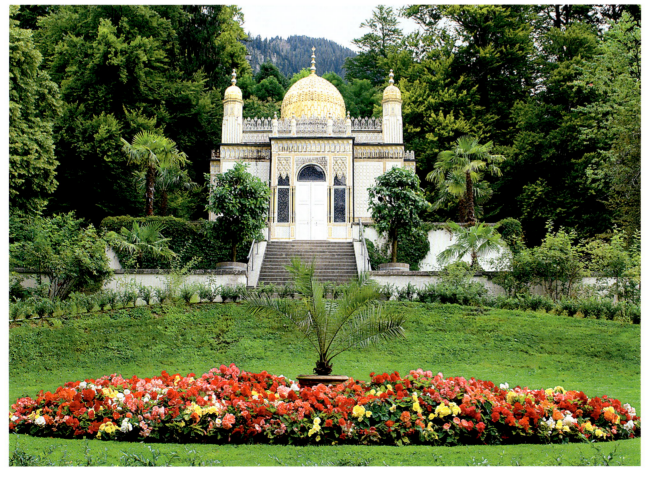

SPECIAL LUDWIG II.

Ein König baut sich seine Traumschlösser – Ludwig II. als Bauherr

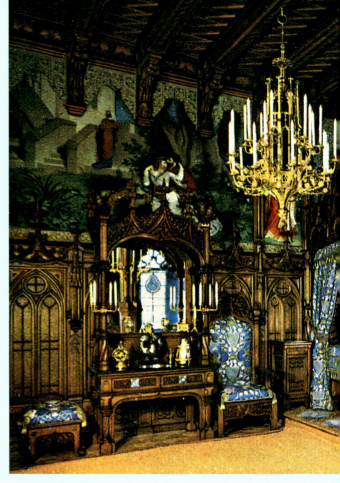

Mitte:
Das Schlafzimmer ist der einzige gotische Raum im ansonsten neoromanischen Schloss Neuschwanstein. Moderne Bautechnik wie eine Eisensäule wurde dekorativ versteckt. Zu sehen ist das Gemälde „Tristans Abschied".

Rechts:
Drei Jahre nach der Thronbesteigung, 1867, wirkt König Ludwig II. auf diesem Porträt des Hoffotografen Joseph Albert recht entschlossen. Der (für seine Kunst) von ihm geliebte Richard Wagner – im Volksmund spöttisch „Lolus" genannt – hatte München bereits Ende 1865 verlassen müssen, der ungeliebte „Bruderkrieg" zwischen Preußen und Österreich 1866 war entschieden – Ludwig II. sollte sich nun nur noch seiner (Bau-)Kunst und Bauwut widmen.

König Ludwig II. hinterließ der Nachwelt märchenhaft anmutende Traumschlösser wie keiner vor und keiner nach ihm. Edgar Allan Poe hatte 1842 in „Die Maske des roten Todes" einen Prinzen mit ausgefallenem Geschmack beschrieben, der Farbwirkungen liebt und billige Requisiten hasst, sich mit kühnen, kraftvollen Plänen trägt und dessen Gedanken von einem eigenartig exotischen Geist sprühen. Wie bei Ludwig II. gibt es auch in dieser Erzählung Leute, die den Prinzen für verrückt halten und Anhänger, die wissen, dass das durchaus nicht stimmt. Der bayerische König war ein Verehrer Poes, dennoch ist es unwahrscheinlich, dass er die Erzählung als Vorbild für sein eigenes Leben nahm. Aber es stimmt doch nachdenklich, wie vorausahnend Poes Schilderung in Bezug auf Ludwigs Leben wirkt.

Der selbst sehr baufreudige Großvater hatte sich schon in Ludwigs Kindertagen gefreut, wie gekonnt sein Enkel mit Holzklötzen zu bauen verstehe. Doch anders als Ludwig I. verkehrte Ludwig II. nicht persönlich mit seinen Künstlern. Wenn ihm etwas nicht gefiel, was oft der Fall war, dann bezeichnete er das Werk als „geschmacklos". Dies mag ein Grund dafür sein, dass er einmal als „roi du Kitsch", als „Kitsch-König", bezeichnet wurde. Doch der Begriff „Geschmack" bedeutete im Historismus des 19. Jahrhunderts keine mindere künstlerische Qualität, sondern die Akzeptanz beim bürgerlichen, neuerdings „kunstinteressierten" Publikum.

König Ludwig II. kannte die Sagenwelt Richard Wagners auswendig und über die Zeit der französischen Könige Ludwig XIV., Ludwig XV. und Ludwig XVI. wusste er ob seiner mehrere tausend Bände umfassenden Bibliothek mehr als alle anderen seiner Zeit. Damit war er dazu berufen ein Pedant zu sein und sich auch um die kleinsten Details zu kümmern. Und so kritisierte er einmal eine Venusfigur, deren zusammengebundene Haare „zu köchinnenhaft" seien.

Eine Küche (und nicht nur ein Tischlein-deck-dich) haben seine Schlösser natürlich. Was ihnen aber gänzlich fehlt, das ist ein Appartement der Königin. Denn sie war nicht vorgesehen in Ludwigs Traumwelt. Nachdem Ludwig bereits um 1865 mit dem für die Öffentlichkeit bestimmten Festspielhaus in München gescheitert war, erlosch sein Interesse an Auseinandersetzung und Diskussion um öffentliche architektonische Belange weitgehend. Nicht die Anlehnung an die gängige Architekturtheorie der Zeit war für ihn maßgebend, sondern die eigenen künstlerischen Vorstellungen wurden zu seiner Norm.

Wer dabei fast Nebensache war, das waren die Personen der Künstler. Sie sollten keine eigenständigen Werke entwerfen, was ja eigentlich im Wesen der Kunst liegen würde. Ludwig II. beauftragte Kunsthandwerker damit, seine Vorstellungen umzusetzen und er verhalf mit seinen umfangreichen Aufträgen vielen Werkstätten und Manufakturen in München und weit darüber hinaus zu einer nie geahnten Blüte.

König Ludwig II. baute sich wahrlich Traum- und keine Wohnschlösser. Seine Aufenthalte dort waren selten und nur kurz, denn jedes längere Verweilen hätte die Illusion im Laufe der Zeit zerstört. Diese „begehbaren Märchen" begeistern noch heute die Besucher.

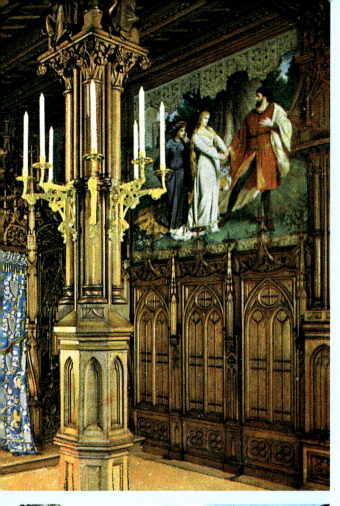

Links:
Wie diese Zeichnung des damals dreizehnjährigen Ludwig aus dem Jahre 1858 vom elterlichen Sommerschloss Hohenschwangau beweist, hatte der bayerische König schon sehr früh ein Faible und auch eine Begabung für historische Architektur. Später hat er seine Schlösser nicht mehr selbst gezeichnet – aber die Entwürfe seiner Künstler und Architekten bestimmte er bis ins (kleinste) Detail.

Links und ganz links:
Lange hatten die Menschen von den märchenhaften Schlössern Ludwigs nur munkeln hören bevor sie es mit eigenen Augen – ob auf Abbildungen oder bei einem persönlichen Besuch – sehen konnten. Wie Schloss Neuschwanstein wurde auch die „Blaue Grotte" von Schloss Linderhof schon sehr bald nach Ludwigs Tod durch eine zeitgenössische Abbildung vielen Menschen bekannt. Sie vereint märchenhafte Kulisse mit modernster Technik: die wechselnde stimmungsvolle Beleuchtung und die angenehme Wassertemperatur wurden durch 24 Dynamomaschinen erzeugt.

Links und ganz links:
Die Supraporte-Gemälde im Arbeitszimmer von Schloss Linderhof zeigen die Szene eines Soupers in Versailles (ganz links) und die Szene, bei der König Ludwig XIV. von Frankreich eine türkische Gesandtschaft empfängt (links). Sowohl Schloss Linderhof wie erst recht das „bayerische Versailles" auf der Chiemseer Herreninsel wurden von Ludwig II. den französischen Königen gewidmet, die er sehr verehrte und die er als seine „rechtmäßigen" Urahnen ansah.

Rechte Seite:
Im Treppenhaus von Schloss Linderhof sorgt ein damals neuzeitliches Glasdach für das richtige Licht. Vom darunter liegenden Vestibül führten die Türen zu Räumen des Personals, weshalb der ganze Eingangsbereich für ein königliches Schloss eher klein geraten erscheint.

Das gelbe Kabinett ist ein Durchgangsraum zum Audienzzimmer in Schloss Linderhof. Das Porträt zeigt Herzog von Belle-Isle (1684 – 1761), einen erfolgreichen General und Marschall von Frankreich.

Auch in Schloss Linderhof hatte sich König Ludwig II. von Bayern das Schlafzimmer mit einem Paradebett ausstatten lassen. Die heutige Gestalt des Raumes durfte er nicht mehr erleben, da die von ihm angeordnete Vergrößerung und Umgestaltung im Juni 1886 noch nicht vollendet war.

Seite 88/89:
Wenn es auch im ganzen Schloss Linderhof selbst keinen Thron gibt, so wollte der König doch in seinem Audienzzimmer nicht auf einen veritablen Thronbaldachin über seinem Arbeitsstuhl verzichten. Da Ludwig Linderhof mehr als seinen privaten Wohnsitz denn als repräsentatives Schloss ansah, fanden hier zu seinen Lebzeiten keine Audienzen statt.

Der vielarmige weiße Meißner Porzellanlüster scheint die Szenerie des Speisezimmers im Schloss Linderhof zu beherrschen. Doch er steht auch in einem reizvollen Kontrast zu der kräftigen Farbgebung der Decke und zum vergoldeten Stuck. Die Schnitzereien der Vertäfelung und die Stuckaturen der Decke stellen Jagd, Gartenbau, Landwirtschaft und Fischerei dar.

Über den beiden Kaminen aus Tegernseer Marmor im Speisezimmer des Schlosses Linderhof befindet sich jeweils ein Wandspiegel mit reicher Schnitzumrahmung. Das Kerzenlicht der Leuchter auf den Kaminen spiegelt sich ebenso wie der Lüster in diesen beiden Spiegeln sowie im dritten Spiegel zwischen den Fenstern, so dass das Licht, vielfach reflektiert, den Raum stimmungsvoll beleuchtet. Aber es werden auch die vergoldeten Stuckdekorationen und die Gemälde vielfach widergespiegelt.

Auch das lila Kabinett im Schloss Linderhof ist eine Hommage an die französischen Könige. Und so sind die Pastellbildnisse von König Ludwig XV. von Frankreich und seiner Mätresse Madame de Pompadour von besonders reich geschnitzten Goldrahmen umgeben. Die Gespielin hatte es verstanden, sich sogar der Gunst der Königin zu versichern und wurde deren Hofdame.

Seite 92/93:
Den Maurischen Kiosk ließ Ludwig II. innen nach seinen Vorstellungen umgestalten. Hier finden wir endlich, was wir im Schloss Linderhof vergebens gesucht haben: einen Thron. Prächtiger hätte er kaum ausfallen können und so ist auch der Pfauenthron wohl eine der bekanntesten Sehenswürdigkeiten aller Schlösser König Ludwigs II.

SPECIAL LUDWIG II.

KÖNIGSTREUE IN BAYERN UND MANGA IN JAPAN – DER MYTHOS LEBT WEITER

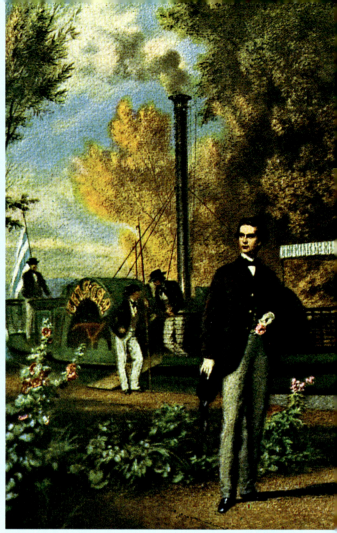

Mitte:
König Ludwig II. landet mit seinem Dampfer „Tristan" in Schloss Berg: Im Gegensatz zu den bekannten Traumschlössern Ludwigs war das Schlösschen sein bevorzugter Wohnsitz und von hier aus konnte er die romantische Roseninsel im Starnberger See besuchen. Doch es war auch dieses Schloss, in dem Ludwig seine letzten Jahre verbringen sollte – aus denen nur Stunden wurden...

Auch in der malerischen Georgiritter-Tracht wirkt der junge bayerische König wie einer alten, guten Zeit entsprungen. Mit diesen dekorativen frühen Porträts festigte sich das Bild eines „idealen" Königs in den Herzen der Menschen.

Ludwig II. mit Sherlock Holmes zusammentreffen und auch die Filme von Käutner bis Visconti tragen bis heute zur Popularität des Königs bei.

In Bayern gibt es eine schier unübersehbare Zahl von Vereinen Königstreuer, die das Andenken an den Märchenkönig wach halten. Und wer denkt, Ludwigs Ruhm im fernen Japan sei ein Produkt des Massentourismus' im 20. Jahrhundert, der irrt: bereits 1890 war hier eine Erzählung erschienen, die ob ihrer sprachlichen Exotik auch heute noch gerne gelesen wird. Doch so weit müssen wir gar nicht gehen, wenn wir dem Mythos König Ludwigs II. auf die Spur kommen wollen.

Ab Juli 1886 erschien Karl Mays „Der Weg zum Glück. Höchst interessante Begebenheiten aus dem Leben und Wirken des Königs Ludwig II. von Baiern" als Fortsetzungsroman bei einem Dresdner Verlag. In 109 allsamstäglichen Folgen und auf 2616 Seiten bot der beliebte Autor seinen Lesern Spannung und amüsante Unterhaltung. In jüngerer Trivialliteratur darf

Am 1. August 1886 öffneten zum ersten Mal die Schlösser ihre Pforten für das Publikum, für das sie doch gar nicht gebaut waren. Und bereits am 4. August 1886 erschien der erste gedruckte Reiseführer zu den Schlössern, noch vor den amtlichen Führern, in einem Augsburger Verlag. Und die Menschen strömten zu diesen Sehenswürdigkeiten. Denn am meisten zum Mythos beigetragen hat wohl der König selbst. Durch seine vollkommene Zurückgezogenheit und durch seine Traumschlösser, von denen man nur munkeln hörte, schuf er – unbewusst, ungewollt – einen Nimbus um sich wie kein anderer.

Und dieser Nimbus wird auch heute noch gerne bemüht, sei es in einer Matratzenwerbung wie „Schlafen wie König Ludwig!" oder in den Füssener Musicals. Der ehemalige Hofkoch Theodor Hierneis trug das Seine dazu bei, doch auch Nachahmer wie einst der Modezar Moshammer in München, der ähnlich rätselhaft wie der König zu Tode kam, lassen Ludwig II. immer wieder in den Schlagzeilen erscheinen.

Die alljährlichen Feste und Veranstaltungen zum königlichen Geburtstag und zu seinem Sterbetag liegen nicht nur in der sprichwörtlichen bayerischen Festesfreude begründet. Es entstehen immer noch neue Denkmäler für den König und auch die unzähligen Souvenirs und Devotionalien vom Bierfilz über das Schnupftuch bis hin zum Regenschirm tragen den Ruhm in alle Welt.

Überall ist er zu Hause, in Japan auch ziemlich aktuell wieder. Vor wenigen Jahren erschien hier ein Manga, ein japanischer Comic, in drei Teilen. In unbunten Bildern wird über das Leben und Sterben des bayerischen Märchenkönigs berichtet. Gezeichnet und betextet wurde der ewig junge Ludwig II. von

Ein Jahr nach der Thronbesteigung, 1865, malte Ferdinand Piloty Ludwig II. in Generaluniform mit Krönungsmantel in Öl. Dieses Bild einer schönen, jungen und stolzen Majestät hat wohl von Anfang an viel zum Ruhm des bayerischen Königs beigetragen. Bis heute gehört es zu den Porträts, die am häufigsten reproduziert werden und damit den Mythos des bayerischen Märchenkönigs nicht untergehen lassen.

einer Frau, You Higuri, und überzeichnet wurde er auch, dem Genre entsprechend. Diesen Manga gibt es wie so viele andere mittlerweile auch in einer deutschen Übersetzung.

Und die Gäste aus den fernen Ländern, sei es Japan, Amerika oder Russland, verlassen Deutschland kaum, ohne Neuschwanstein gesehen zu haben. Dieses Märchenschloss hoch auf dem Bergsporn, ersonnen einst von einem einsamen König und nur für ihn allein bestimmt, verzaubert die modernen Menschen immer wieder aufs Neue. Können sie doch hier eintauchen in die Seele eines einst unverstandenen und heute heiß geliebten Märchenprinzen.

Links:
Es ist sicher das abgeschiedenste und vielleicht das exotischste Domizil des bayerischen Königs: das Jagdschloss Schachen im Wettersteingebirge. Auf einer Höhe von knapp 1900 Metern ließ sich Ludwig die Hütte im Schweizer Stil errichten – und üppigst mit einem Maurischen Saal ausstatten. Hierher zog er sich alljährlich an seinem Geburtstag zurück, fernab der Unbilden tief drunten im Tal.

Links:
Der Sängersaal im Schloss Neuschwanstein wurde nach dem Vorbild der Wartburg entworfen. Im Mai 1867 reiste der König nach Thüringen und brachte von dort diese Idee mit. Kurz darauf besuchte er die Pariser Weltausstellung, wo er den Maurischen Kiosk zum ersten Mal sah und gleich erworben hätte – wenn ihm nicht ein reicher Industrieller zuvor gekommen wäre.

95

HERRENCHIEMSEE

Das bayerische Versailles – Schloss Herrenchiemsee

Das Schloss Herrenchiemsee ist das letzte der von König Ludwig II. geplanten und gebauten Schlösser und sicher auch sein reifstes Werk. Als einziges geht es nicht auf seinen Vater zurück, weder was die Idee noch was den Grund und Boden betrifft. Vom berühmten Tischlein-deck-dich, vom Spiegelsaal, der länger ist als sein Vorbild, oder vom prunkvollen Paradeschlafzimmer einmal abgesehen, offenbaren sich seine inneren Werte erst auf den zweiten Blick.

Das erfordert eine langsame Annäherung. Herrenchiemsee ist das abgelegenste der drei abgelegenen Schlösser Ludwigs, obwohl der See an der Autobahn liegt. Der Fahrt mit dem Schiff folgt ein wunderschöner Spaziergang – oder vielleicht doch besser die romantische Kutschfahrt? Auf der Insel kann man dem König nahe kommen wie kaum woanders. Denn neben seiner bürgerlich anmutenden Privatwohnung im „Alten Schloss" gibt es hier auch noch das König Ludwig II.-Museum, das mit vielen Bildern und Gegenständen aus seinem persönlichen Besitz aufwarten kann.

Vom Taufkleid bis zur Gedenkmedaille anlässlich seines plötzlichen und rätselhaften Todes geben sie Zeugnis ab vom rastlosen Leben des bayerischen Märchenkönigs. Ludwig II. wurde zwar in München beigesetzt, doch sein Herz ruht im nahen Altötting. Und er selbst lebt in Millionen Herzen weltweit weiter.

Ein kleiner Ausschnitt der Fassade von Schloss Herrenchiemsee zeigt noch lange nicht die wahre Größe der Anlage. Und diese wäre nach Ludwigs Plänen noch viel größer geworden, doch das wurde durch den allzu frühen Tod vereitelt. Die Beletage liegt im ersten Geschoss, während sich darüber ein Mezzanin, ein nicht so hohes „Zwischengeschoss", befindet.

Rechts:
Die Wasserspiele auf der Herreninsel sprudeln wieder. König Ludwig II. durfte ihre Fertigstellung leider nicht mehr erleben und nach seinem Tode wurden sie entfernt. Erst zum Ende des 20. Jahrhunderts wurden sie rekonstruiert und bilden heute einen Glanzpunkt beim Besuch der Insel im „Bayerischen Meer".

Links:
Von Westen, vom Chiemsee aus, öffnet sich der Blick zum Schloss. Man sollte also bei einer Fahrt mit einem der vielen Ausflugsschiffe die Augen offen halten, denn beim Spaziergang oder der Kutschfahrt vom Landungssteg zum Schloss verbirgt sich dieses länger, als mancher denken mag.

Hinter dem Latonabrunnen öffnet sich der Blick auf den Chiemsee. Als eines der Kinder Latonas gilt Apollo, der Gott des Lichts, des Frühlings und der Künste. Er ist Namensgeber für so unterschiedliche Genres wie ein Raumfahrtprogramm der NASA, verschiedene Automodelle, Musikgruppen, Varietes, Kinos oder Theaterhäuser.

Die Figuren auf den Beckenrändern dieses Bassins im Schlosspark Herrenchiemsee entsprechen in der Anordnung und Thematik dem Vorbild von Versailles. Sie symbolisieren die bedeutendsten Flüsse Frankreichs.

Der Dachfirst über dem Ehrenhof von Herrenchiemsee wird bekrönt von einer Figurengruppe. Manchmal mag es eine gewisse Zeit dauern, bis ein Krieg (links) beendet und der Frieden (rechts) wieder eingekehrt ist. Über diesen beiden Allegorien triumphiert die Figur des Ruhmes, bereit, um den Lorbeerkranz aufs Haupt zu setzen und die Neuigkeiten in alle Welt hinauszuposaunen.

Man kann diese Front von Schloss Herrenchiemsee als „Gartenfassade" bezeichnen, wobei ihr – im Gegensatz zu Versailles und vielen anderen Schlössern – das Gegenstück fehlt: eine Stadtfassade. Denn dahinter liegt nur der Chiemsee, eine Stadt ist weit und breit nicht in Sicht.

Seite 102/103:
Das Prunktreppenhaus von Schloss Herrenchiemsee wurde nach dem Vorbild der Gesandtentreppe in Versailles errichtet, wobei diese dort allerdings schon im Jahre 1752 wieder abgebrochen worden war. An diesem Detail ist wie an manchen anderen ersichtlich, dass Herrenchiemsee keine „Kopie" des bestehenden französischen Schlosses ist oder je sein wollte.

SPECIAL BAUGESCHICHTE

Ein Schloss rings um ein Schlafzimmer – Herrenchiemsee

Mitte:
Der Latonabrunnen im Schlosspark Herrenchiemsee wurde im Jahr 1883 von Johann Hautmann geschaffen. Bekannt ist die Ungeduld des Königs bei seinen Baumaßnahmen. So ließ er noch nicht fertige Teile der Terrassenanlagen in einer Art „Potemkinsches Dorf" nachbauen, um sich so bald als möglich in seine Träume flüchten zu können.

Bereits im 17. und 18. Jahrhundert war es die Mode vieler Adeliger, sich ein Schloss nach dem Vorbild von Versailles erbauen zu lassen. Manchem Bauherrn war eine Kopie der Architektur wichtiger, andere Fürsten wollten die berühmt-berüchtigte Lebensart der französischen Könige auf ihren Hofstaat übertragen. Ob Schleißheim bei München, Schönbrunn in Wien oder Peterhof bei St. Petersburg – prominente Namen stehen für den Glanz und die Herrlichkeit des Sonnenkönigs außerhalb Frankreichs. Mit der Französischen Revolution endete nicht nur der Absolutismus, so mancher König oder Kaiser befürchtete auch bei sich Unruhen und das Ende seiner Herrschaft.

Hintertür offen. König Ludwig II. von Bayern hatte die „Ungnade der späten Geburt", ihm war nicht nur die absolutistische Herrschaft verwehrt, er hatte auch 1866 und 1870/1871 seine Souveränität mehr verloren, als er ertragen konnte. Als Ausgleich wollte er sich selbst und für sich ganz allein den Glanz schaffen, mit dem seine Vorgänger ihre Repräsentation auf die Spitze getrieben hatten. Die Pläne für sein Versailles waren schon im zu engen Tal Linderhofs gediehen und 1873 fand der König den passenden Baugrund, mitten im oberbayerischen Chiemsee.

Vom Alten Schloss zum Neuen Schloss

Herrenwörth, wie die Insel damals noch hieß, war uralter Klostergrund. Aus dem Kloster war eine Brauerei geworden, schließlich sollte der alte Baumbestand der Insel von Spekulanten radikal abgeholzt werden. Dagegen rebellierte das Volk und dieses Mal war der König mit ihm einig. Er ließ sich im ehemaligen Konvent, dem heutigen „Alten Schloss", eine biedermeierlich-gemütliche Wohnung einrichten und konnte von hier aus mit dem Feldstecher den

In einem der ersten Reiseführer zu den königlichen Schlössern wurde es als „Prunkschlafzimmer für Gäste" bezeichnet. Heute weiß man, dass König Ludwig II. von Bayern diesen Raum als Reminiszenz an den französischen Sonnenkönig Ludwig XIV. erbauen und ausstatten ließ.

Mittelpunkt nicht nur vom Schloss Versailles, sondern vom ganzen Land war das Paradeschlafzimmer des Königs. Nur wer von Stand und Ansehen war, durfte hier eintreten – und den ganz besonderen Günstlingen stand dafür sogar die

Links:
Mit achtundneunzig Metern wurde die Spiegelgalerie im Schloss Herrenchiemsee um einiges länger als ihr Vorbild im Schloss Versailles bei Paris. Heute finden hier – außerhalb der Öffnungszeiten – immer wieder festliche Konzerte statt. Die Aufnahme um 1886 stammt von Joseph Albert.

Unten:
Ebenfalls um 1886 fotografierte Joseph Albert den Beratungssaal („Salle du Conseil") im Schloss Herrenchiemsee. Er geht auf das Vorbild in Versailles zurück.

Baufortschritt an seinem „Neuen Schloss" beobachten. Am 21. Mai 1878 wurde der Grundstein gelegt, doch die Detailplanungen waren ihrer Zeit weit voraus. Denn bereits im Februar desselben Jahres hatte die Firma Jörres mit den Stickereien der Vorhänge und Decken des Paradeschlafzimmers begonnen. Daraus ergab sich, dass sich die architektonische Raumeinteilung nach den fertigen Wandbespannungen zu richten habe.

Das Schloss Herrenchiemsee wurde also im wahrsten Sinne des Wortes um das Paradeschlafzimmer herum gebaut. Ursprünglich waren ja auch nur dieser Raum und der Spiegelsaal geplant. Aus dem 13. Plan für Linderhof war der 1. Plan für Herrenchiemsee geworden und auch dieser erfuhr, nicht nur durch den Wechsel des Architekten von Georg Dollmann zu Julius Hofmann, mannigfaltige Änderungen. Und so wuchs der Spiegelsaal, bis er länger war als sein Vorbild. Auf diese Weise kam auch das Kleine Appartement dazu, das es in Versailles nicht gab – Herrenchiemsee ist also keine Kopie des Vorbilds, sondern ein Zitat. Und darüber hinaus ist es natürlich auch eine Hommage an den französischen Sonnenkönig, Ludwig XIV.

Links:
Auch das südliche Treppenhaus von Schloss Herrenchiemsee wurde von Joseph Albert um 1886 im Bild festgehalten. Es wurde im Gegensatz zum nördlichen Treppenhaus – bis heute im Rohbau – noch zu Ludwigs Lebzeiten fertig gestellt. Hier beginnen die beliebten Schlossführungen.

Lever und Coucher

Mitte:
Neben dem als „Theaterkulisse" gebauten Paradeschlafzimmer brauchte der König im Schloss Herrenchiemsee natürlich auch ein Bett, in das er selbst sein müdes Haupt legen konnte. Deshalb ließ er sich im so genannten „Kleinen Appartement" dieses prachtvolle Schlafzimmer einrichten. Berühmt ist das blaue Nachtlicht, für dessen exakt den königlichen Wünschen entsprechendes Blau die Künstler sehr lange experimentieren mussten.

Nicht nur aus den berühmten Briefen der Liselotte von der Pfalz, die teils recht delikat, um nicht zu sagen deftig das Leben am Hofe Ludwigs XIV. geschildert hat, war Ludwig II. mit den Ritualen des „Lever" (Aufstehen) und „Coucher" (zu Bett gehen) vertraut. Und so war es eine große Ehre gewesen, dem französischen König dabei das Hemd reichen zu dürfen. Die Minister im bayerischen München hatten für ein imaginäres und ganz privates Wiederaufleben dieser Zeremonien kein Verständnis – obwohl oder vielleicht weil sie König Ludwig II. in Geschichtswissen und Kunstverständnis noch nicht einmal das Wasser reichen konnten.

Oben:
Für das Badezimmer von Herrenchiemsee ließ Ludwig II. „Diana im Bade" nach einem Vorbild des französischen Malers François Boucher (1703 – 1770) anfertigen, der für seine frivolen und sinnlichen Bilder bekannt war und wohl auch deshalb zum Günstling der Madame de Pompadour avancierte. Ausgeführt wurde das Bild von dem Historienmaler Caspar Augustin Geiger.

Ihm, dem bayerischen König, stand das Wasser auf der Insel bis zum Hals. Er hatte sich über beide Ohren verschuldet und wollte doch seinen Traum perfekte Illusion werden lassen. Dafür scheute er keine Kosten und keine weiteren Kredite. Die Nacht hatte er zum Tag gemacht und so mag sich heute mancher Besucher wundern, wie arg kräftig-bunt die Farben wirken. Das liegt daran, dass Ludwig die Ausmalung nicht für einen Besuch bei Tageslicht

geplant hatte. Er, der sich sonst so gerne die technischen Fortschritte zunutze machte, hatte noch nicht einmal elektrische Beleuchtung vorgesehen. Beim Schein tausender Kerzen versetzte der „Mondkönig" sich in die Welt des Sonnenkönigs. Hier fand er, der sich längst von der realen Welt um ihn herum zurückgezogen hatte, zu seinem inneren Ich.

Das Versailles im „bayerischen Meer"

Die Inszenierungen im Schloss gingen nahtlos über in die Parkanlagen. Ludwig ließ die Insel festlich illuminieren – wahrscheinlich weltweit das erste elektrisch betriebene „Son et Lumière". Trotz größter technischer Schwierigkeiten gelang es 1884, ein von drei Dampfmaschinen betriebenes elektrisches Leitungsnetz aufzubauen, das die Farbscheinwerfer versorgte und zur besseren Verständigung der Beleuchter wurde sogar ein Telefonnetz installiert. Der verantwortliche Alois Zettler, ein Pionier der

Elektrotechnik, wurde zum „ersten Hofilluminator" ernannt. Im Jahr 1876 hatte der königliche Hofgärtendirektor Carl von Effner für die Anlage des Parks auf der Insel im „bayerischen Meer" eineinhalb Millionen Gulden veranschlagt. Nicht mehr erleben durfte der König die Wasserspiele. Sie verfielen im Laufe der Jahrzehnte und wurden erst am Ende des 20. Jahrhunderts wieder rekonstruiert.

Bildliche Darstellungen im Schloss lassen erst auf den zweiten Blick erkennen, welch' grandioses Gesamtkunstwerk sich hier dem kundigen Besucher offenbart. Dargestellt sind Astraos, die Nacht oder der Mond, und Aurora, Sinnbild des Morgens, der Sonne. Nach den Mythen haben beide zusammen den Morgenstern gezeugt. König Ludwig II. ist es gelungen, mit seinem „begehbaren Theater" für Ludwig XIV. einen Stern, ein kunsthistorisches Juwel, zu schaffen, das – lange verkannt – so schnell nicht untergehen wird. Das nachträglich eingebaute Toiletten-Kabinett der Marie Antoinette ist wie das Ankleidezimmer Ludwigs II. in der Grundfarbe Rosa gehalten. Es wird ein Rätsel bleiben, ob der König sich mit ihr identifizierte, ob er sein eigenes Ende herannahen sah. Hat er es womöglich inszeniert – wie sein ganzes Leben?

Oben:
Auf den ersten Blick könnte man meinen, die Künstler hätten es sich beim Deckenfries des Prunktreppenhauses im Schloss Herrenchiemsee zu leicht gemacht. Wenn sie schon die vier Elemente und die vier Jahreszeiten darstellen, dann halt auch noch die vier Kontinente ... Doch man ist sich bis heute nicht einig, ob es vier, fünf, sechs oder sieben Kontinente gibt: mit oder ohne Antarktis? Eurasien oder Europa und Asien getrennt? Die Liste ließe sich fortsetzen. Auf der Herreninsel haben sich die Künstler für vier Erdteile entschieden: Europa (mit dem Stier), Afrika (mit dem Löwen), Amerika (Indianer mit dem Büffel) und Asien (mit dem Tiger).

Links:
Die Längsseiten des Treppenhauses in Herrenchiemsee sind mit unterschiedlichen Wandgemälden geschmückt. So zeigt „Der Nährstand" eine Wein- und Getreideernte. Dazu passt, dass König Ludwig II. bei seinen wenigen und zeitlich genau festgelegten Besuchen das Treppenhaus mit tausenden von Lilien und Rosen schmücken ließ.

Seite 108/109:
Bis zum Tod König Ludwigs II. durften nur wenige Menschen die Große Spiegelgalerie des Schlosses Herrenchiemsee erblicken. Und heute? Heute ist es nur wenigen Menschen vergönnt, diesen großartigen Raumeindruck – wie einst der König – alleine in sich aufzunehmen...

Die Decke und die obere Wandzone im Spiegelsaal von Herrenchiemsee sind überreich mit Gemälden und Stuckarbeiten ausgestattet. Dargestellt sind Taten aus dem Leben König Ludwigs XIV. von Frankreich.

Die Kandelaber in der Kleinen Galerie von Herrenchiemsee zeigen eine Raptus-Gruppe aus vergoldeter Bronze, hier vielfach gespiegelt. In der bildenden Kunst wird so die Darstellung einer Entführung genannt, in der Psychiatrie hingegen bezeichnet man mit „Raptus" einen (plötzlichen und unerwarteten) Anfall von Raserei.

Der achtzehnarmige Meißener Porzellanleuchter im Speisezimmer von Schloss Herrenchiemsee bietet Platz für 108 Kerzen. Auf Wunsch König Ludwigs II. wurden alle Modelle vernichtet, um eine Nachbildung dieses Kunstwerks zu verhindern.

Die Spiegel in der Kleinen Galerie von Herrenchiemsee geben überraschende und vielfältige Perspektiven frei. Dargestellt wurden in den Nischen Figuren, die die vier Erdteile Europa, Amerika, Afrika und Asien verkörpern. Das Vorbild der Kleinen Galerie, die Petite Galerie von Ludwig XIV. in Versailles, ist leider nicht mehr vorhanden.

Seite 112/113:
Es sind die besonders prächtig bestickten Wandbespannungen im Paradeschlafzimmer von Herrenchiemsee, mit deren Arbeit bereits begonnen worden war, bevor überhaupt der Rohbau des Schlosses stand. Im Paradebett wollte der bayerische König nie schlafen – für ihn war es nur Reminiszenz und Andenken an den französischen Sonnenkönig und dessen bekanntem Ritual des „Lever" (Aufstehen) und „Coucher" (zu Bett gehen).

SPECIAL LUDWIG II.

DIE KÖNIGLICHE SCHATULLE IST LEER – ABER DER KÖNIG BAUT WEITER

Mitte:
Der Münchner Hofwagenfabrikant Johann Michael Mayer schuf den legendären Schlitten, dessen Krone elektrisch beleuchtet wurde – wohl das erste elektrisch beleuchtete Fahrzeug der Welt! In den 1880er Jahren entstand dieses Ölgemälde, das eine nächtliche Schlittenfahrt König Ludwigs II. von Neuschwanstein über den Schützensteig nach Linderhof zeigt und dem Maler Rudolf Wenig zugeschrieben wird. Ludwigs Schlittenfahrten wurden um die vorletzte Jahrhundertwende auch mit kolorierten Postkarten und Zinnfiguren populär.

Rechts:
König Ludwig II. im Ornat des Georgiritterordens – dieses Monumentalgemälde schuf der Münchner Maler Gabriel Schachinger im Jahr 1887, also postum. 2007 diente es als Vorlage für ein 250 Quadratmeter großes Plakat, mit dem ein französischer Fußballspieler beim FC Bayern München als „neuer bayerischer König" willkommen geheißen wurde. Diese persiflierende Einladung schmückte die Fassade der Theatinerkirche – und ließ damit in München manche Wellen hoch schlagen.

Die königliche Schuldenmacherei war einer der Hauptgründe, die von Ludwigs Gegnern ins Feld geführt wurden, um den König zu entmündigen. In der Tat spricht manches dafür, dass König Ludwig II. sich zumindest in den letzten Jahren zu wenig um den schlechten Zustand seiner Finanzen gekümmert hat. Die Eltern hatten, ganz nach der unheilvollen Mode der Zeit, ihre Kinder so kurz gehalten, dass es nicht nur unköniglich wenig Taschengeld gab – selbst zu essen mussten sie sich manchmal von den Dienern zustecken lassen, weil es nicht zum satt werden reichte. Und so verkündete Ludwig bereits einige Tage nach der Thronbesteigung: „Es ist mein Wille, dass jegliche übertriebene Sparsamkeit und Knauserei ende!"

Und daran hat er sich auch wirklich gehalten. Er war nicht nur bei Geschenken anderen gegenüber sehr großzügig, auch für ihn selbst und vor allem für sein Lieblingsspielzeug, seine Schlösser, war ihm nur das Beste gut genug. So etwas geht natürlich ins Geld. Als König hat er eine Art Gehalt bekommen, die so genannte „Zivilliste". Davon musste er anfangs noch seinem königlichen Großvater einen erheblichen Betrag abgeben und für die Repräsentation des Hofes musste es auch reichen. Ludwig I. starb 1868 und Ludwig II. schränkte die Repräsentation immer mehr ein. Was er im Gegenzug immer mehr betrieb, war sein Schlösserbau. Und so waren die Kosten für das Schloss Herrenchiemsee auf etwa 16,6 Millionen Goldmark angestiegen, von denen gerade einmal 5,7 Millionen von der Kabinettskasse „genehmigt" worden waren. Gerade bei diesem Bau wird deutlich, wie sehr Zinsen und Zinseszinsen ein nicht vorhandenes Kapital auffressen können. Denn von den eingeholten Angeboten für auszuführende Arbeiten wurde oft lieber das teurere genommen – wenn die Firma dafür im Gegenzug längere Zahlungsziele einräumte. Bezahlt wurden die Rechnungen gerne erst lange nach der Ausführung der Arbeiten. So konnte der Maler Hauschild erst 1883 in Rechnung stellen, was er von 1875 bis 1879 geschaffen hatte.

Beim König besonders beliebt war der Bauleiter und vermögende Unternehmer Franz Ritter von Brandl, der der Kabinettskasse großzügige Kredite bereit stellte. Nach dem Tod Ludwigs wurde ihm eine Mitschuld an dem hinterlassenen königlichen Schuldenberg zugeschrieben. Doch auch die Minister taten das Ihrige, indem sie nicht früher einschritten – um auf ihren Posten zu bleiben. Und die Schulden – 1886 betrugen sie 14 Millionen Goldmark – hätten bei dem jährlichen Einkommen des Königs aus Privatvermögen und Kabinettskasse von vier Millionen Goldmark – bei einer üblicherweise anzunehmenden Lebenserwartung von weiteren 30 Jahren – durchaus zurückgezahlt werden können.

Und so ist es ja auch der Nachlassverwaltung gelungen, die Verbindlichkeiten schon bis 1899 vollständig auszugleichen. Dies ging allerdings auch einher mit einem erheblichen Ausverkauf. Allein aus Linderhof wurden 60 Kisten mit Kunstgewerbegegenständen abtransportiert und verkauft. Das 1887 gegründete Straßburger Kunstgewerbe-Museum hatte für 45 000 Mark acht Waggons voll mit Objekten erworben; ein anderer Erwerber war der amerikanische Sammler Vanderbilt. Und selbst der nunmehrige König Otto I. musste herhalten: zwei Millionen Mark aus seinen Ersparnissen trugen zur Tilgung bei.

Oben:
Größer, prächtiger und höher oben sollte er sein, der Wintergarten in der Münchner Residenz. König Ludwig II. wollte damit seinen wesentlich sparsameren Vater übertreffen und das ist ihm auch gelungen. Das Foto von Joseph Albert stammt aus der Zeit um 1870.

Links:
Dieser große goldene Prachtwagen wurde von Franz Seitz entworfen und vom Hofwagenfabrikanten Franz Gmelch gearbeitet. Bewundern kann man die prachtvollen Schlitten und Kutschen im Marstallmuseum des Münchner Schlosses Nymphenburg.

Ganz links:
Der Elefant aus versilberter Bronze, mit einer vergoldeten Decke – 6.800 Mark ließ sich der König diese Uhr kosten. Angefertigt wurde sie vom Münchner Uhrmacher Carl Schweizer, bewundern kann man sie im Schloss Herrenchiemsee.

Links:
Beide Gobelinzimmer im Schloss Linderhof wurden 1874 vom Architekten Georg Dollmann entworfen. Auf grobe Leinwand gemalte Bilder wurden als Imitation von Gobelins in die vergoldete Vertäfelung eingesetzt.

Die Kleine Galerie von Herrenchiemsee gilt als einer der schönsten Prunkräume des Schlosses. Die fünf Glaslüster bieten Platz für 180 Kerzen – und werden zusammen mit dem Licht vielfach widergespiegelt.

Auf dem Kamin des Schlafzimmers von Herrenchiemsee ist die Figur der schlafenden Ariadne nach dem Vorbild im Vatikan zu bewundern. Ihr Name bedeutet auf Deutsch „Heiligste" und sie ist durch bildliche Darstellungen von Tizian oder Tintoretto ebenso bekannt wie als „Ariadne auf Naxos" von Lovis Corinth beziehungsweise durch die gleichnamige Oper von Richard Strauss.

Ganz links:
Der große Kandelaber neben dem Paradebett im Schloss Herrenchiemsee ist nicht nur prächtig anzuschauen, mit seinen vielen Kerzen sorgte er für die richtige Beleuchtung. Genannt werden diese mehrarmigen Leuchter auch „Armleuchter", wobei dieses Wort als Schimpfwort für einen weniger salonfähigen Ausdruck herhalten muss und dann mit einem Kerzenständer nichts zu tun hat.

Links:
Im Arbeitszimmer von Herrenchiemsee ließ sich der König nicht nur zeigen, was die Stunde geschlagen hat, die astronomische Uhr zeigte auch die Stellung von Sonne, Mond und Sternen an. Der voluminöse Glaslüster mit seinen 96 Kerzen mag, zusammen mit den Spiegeln, den Raum zur bevorzugten Tageszeit Ludwigs – also nachts – auch eindrucksvoll beleuchtet haben.

Ganz links:
Das Kleine Appartement war die eigentliche Wohnung des Königs im Schloss Herrenchiemsee. Auf dem Kaminsims des Schlafzimmers findet sich eine Marmorbüste der Madame de Pompadour. Sie war Mätresse von Ludwig XV. und ihres Zeichens erste „offizielle" Königsgespielin Frankreichs („maitresse en titre") – nach ihr wurde eine heute noch bekannte Handtasche benannt.

Links:
Beim Blick vom Speisezimmer in das Porzellankabinett von Herrenchiemsee stellen die Porzellangemälde auf den Flügeltüren die Allegorien der Wissenschaften und der Jahreszeiten dar. Auch die Supraporte, die Stuckarbeit über der Tür, ist ein fantasievolles Kunstwerk für sich.

So wie die französischen Flussnamen mal männlichen und mal weiblichen Geschlechtes sind, so werden sie auch symbolisch mal als Neptun, mal als Nixe dargestellt. Früchte des Flusses selbst wie der von ihm bewässerten Äcker und Wiesen versinnbildlichen den Reichtum, den das kühle Nass mit sich bringt.

Spielende Putten schmücken hier den Rand des Wasserbassins im Schlosspark von Herrenchiemsee. Diese dekorativen Kindergestalten, meist Knaben, sind auch als Schmuck in vielen barocken Kirchen Bayerns und anderswo bekannt.

Rechte Seite:
Die geflügelte Figur des Ruhmes posaunt nicht nur die neuesten Neuigkeiten in die Welt hinaus; aus der Posaune schießt auch eine hohe Fontäne in den Himmel über Herrenchiemsee. Gefeiert wird hier der Ruhm der Dichtkunst, denn auf Pegasus, dem geflügelten Pferd in der griechischen und römischen Mythologie, reiten alle Dichter.

SPECIAL LUDWIG II.

Vom fragwürdigen ärztlichen Gutachten bis zum rätselhaften Tod im Starnberger See

Mitte:
König Ludwig II. wurde auf dem Paradebett in der schwarzen Tracht des Großmeisters des Hausordens vom heiligen Hubertus aufgebahrt. Das Pastellbild fertigte Josef A. von Koppay. In der Hand hielt der König einen Jasminstrauß, den Kaiserin Elisabeth von Österreich für ihn gepflückt hatte.

Rechts:
An der Todesstelle im Starnberger See wurde ein Gedenkkreuz aufgestellt, das in der Zwischenzeit bereits mehrfach erneuert werden musste. Im Jahr 1887 ließ die Königinmutter Marie an der Unglücksstelle eine Gedenksäule, eine so genannte „Totenleuchte", im gotischen Stil errichten. Viele Denkmäler, auch neueren Datums, erinnern in bayerischen Dörfern und Städten an den geliebten „Kini".

Der Verlust der königlichen Souveränität durch die Kaiserproklamation 1871 in Versailles hatte nicht nur König Ludwig II. sehr zugesetzt, auch sein Bruder Otto litt darunter. Bei Otto hatte man erst einmal eine „Aufweichung des Gehirns" infolge Syphilis diagnostiziert, weil er angeblich mehrmals in der Woche „öffentliche Mädchen" aufgesucht habe, was unterbunden wurde. Es wurden ihm „Stahlbäder" verordnet, das heißt, kalte Duschen morgens und abends; für den Fall des Nichtbefolgens wurde ihm ein recht baldiges Ableben prophezeit. Der Patient dachte gar nicht daran zu sterben – er überlebte den Bruder um 30 Jahre – und deshalb wurde die Diagnose in Schizophrenie geändert.

Die Zeitungen, besonders außerhalb Bayerns, berichteten über den König bald nur noch mit dem dezenten, aber auf die Dauer einprägsamen Hinweis auf den „unheilbar geisteskranken" Bruder; bayerische Zeitungen umgingen den möglichen Vorwurf einer Majestätsbeleidigung durch Zitieren der auswärtigen Blätter. Möglicherweise waren diese Meldungen von der Münchner Ministerialbürokratie lanciert worden, um die Bevölkerung langsam auf einen Staatsstreich vorzubereiten, der nicht als solcher ans Licht der Öffentlichkeit dringen sollte.

Das psychiatrische Gutachten von Dr. Gudden – ohne vorherige persönliche Begutachtung des Patienten – und auch das stümperhafte Vorgehen der „Fangkommission" in Neuschwanstein lässt hingegen eher an einen Schildbürgerstreich denken. Die Bevölkerung in und um Füssen war aufgewühlt und um weiteres Aufsehen zu vermeiden, wurde König Ludwig II. statt wie geplant nach Linderhof zu seinem Schloss Berg verbracht. Dieses war ähnlich wie Ottos Schloss Fürstenried zu einem „königlichen Gefängnis" umgebaut worden. Hier sollte der König den Rest seiner Jahre zubringen.

Dass daraus nur Stunden wurden, wirft noch heute mannigfaltige Rätsel auf. Es ist denkbar, dass Ludwig ob seiner ärztlich verordneten Freiheitsberaubung auf Lebenszeit an Selbstmord dachte. Doch wenn man bedenkt, dass die gesamte Ministerschaft den sich selber in den finanziellen Ruin treibenden König so lange gewähren ließ, bis sie um ihre eigenen Posten fürchten mussten, dann gäbe es genügend Motive für eine Ermordung König Ludwigs II. von Bayern.

Die ersten Besuchergruppen in einem von Ludwigs Schlössern waren die Menschen, die am 14. Juni 1886 in Berg von ihm Abschied nahmen. Beim Leichenzug von der Münchner Residenz zur Michaelskirche trugen alle Zuschauer, die dicht gedrängt den Weg säumten, selbst die auf den Dächern sitzenden und aus offenen Fenstern lehnenden, schwarze Kleidung. Die Münchner Bekleidungsgeschäfte hatten sich auf die zu erwartende Nachfrage eingestellt und warben in Annoncen für Trauer-Artikel jedweder Art, vom Arm- oder Hut-Flor bis hin zum Trauer-Sonnen-Schirm.

Wie schon 1825 bei der Beisetzung des ersten bayerischen Königs und dann 1864 bei der Trauerfeier des König-Vaters Maximilian II. durften auch 1886 die Gugelmänner nicht fehlen. Bereits im ausgehenden Mittelalter hatte es für Männer als spezielle Trauerkleidung die das ganze Gesicht bedeckende Gugel (schwarze Haube) zusammen mit einem Klagmantel (schwarzer Mantel) gegeben. Und unter anderem diese Gugelmänner sind es, die auch heute noch den Nachweis erbringen wollen, dass König Ludwig II. heimtückisch ermordet wurde.

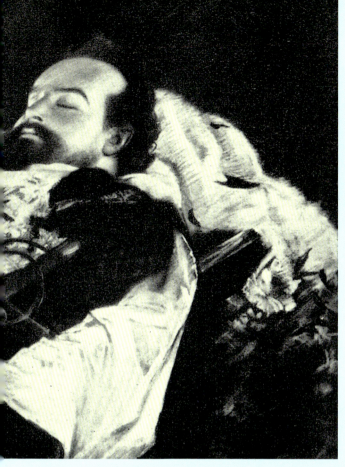

Links:
Dr. Bernhard von Gudden war der Arzt, der federführend das vernichtende psychiatrische Gutachten verfertigte, mit dem der bayerische König als geisteskrank dargestellt wurde. Die Psychiatrie steckte damals noch in den Kinderschuhen und vielleicht ist es damit zu erklären, dass der Arzt es noch nicht einmal für nötig befand, seinen Patienten vorher persönlich zu untersuchen? Gudden starb zusammen mit dem König im Starnberger See – wie, das wird wohl ein ewiges Rätsel bleiben.

Links:
Franz Hanfstaengl hielt die feierliche Beisetzung König Ludwigs II. am 19. Juni 1886 in München im Bild fest. Unzählige Menschen säumten den Trauerzug und auch die „Gugelmänner" durften dabei nicht fehlen.

Links unten:
Nach dem Auffinden der Leiche wurde König Ludwig II. zuerst im Schloss Berg am Starnberger See aufgebahrt. Bereits am 14. Juni 1886 kamen viele Menschen aus der näheren und weiteren Umgebung, um in diesem Zimmer Abschied von ihrem König zu nehmen.

Links:
Der Sarkophag König Ludwigs II. fand seinen Platz in der Fürstengruft der St.-Michaels-Hofkirche zu München und wird nach wie vor von vielen treuen Anhängern aufgesucht. Die Herzurne dagegen wurde nach altem Brauch zur Gnadenkapelle in Altötting überführt.

Rechts:
Idylle pur im Schlosspark von Herrenchiemsee. Die Allee gibt den Blick frei auf erfrischende Wasserspiele und lädt – fernab jeglichen Touristenrummels – ein zu Beschaulichkeit und Erholung.

Rechte Seite:
Am Nordufer der Herreninsel, ehemals als Herrenwörth und für sein Kloster bekannt, befindet sich die barocke Seekapelle Zum Heiligen Kreuz. Errichtet wurde sie in den Jahren 1697 – 1700.

Rechts:
Der Latonabrunnen im Schlosspark Herrenchiemsee ist insgesamt mit 74 Wasser speienden Figuren bestückt. Zu sehen ist Latona mit ihren Kindern Diana und Apollo. Während Apollo zu den zwölf Hauptgöttern des griechischen Pantheon gehörte, war Diana die Göttin der Jagd.

Ganz rechts:
Dieser malerischen Szene sieht man den „tierischen Ernst" gar nicht auf den ersten Blick an. Während Flora, aus weißem Marmor, recht unschuldig wirkt, ist der Wasser speiende Panther, aus Bleiguss, gerade dabei, einen Bären zu bezwingen ... Im Sommer ist es herrlich, im Schlosspark von Herrenchiemsee zu lustwandeln und dabei, wie hier, auch dem südlichen Marmorbecken einen Besuch abzustatten und die Kühle des Wassers zu genießen.

NÜTZLICHE INFORMATIONEN

Herrenchiemsee

Informationen:
Schloss- und Gartenverwaltung Herrenchiemsee
83209 Herrenchiemsee
Telefon: (0 80 51) 68 87-0
Fax: (0 80 51) 68 87-99
E-Mail: sgvherrenchiemsee@bsv.bayern.de
Internet: www.herrenchiemsee.de

Öffnungszeiten:
Neues Schloss:
April bis 3. Oktober: täglich von 9 bis 18 Uhr
4. bis 31. Oktober: täglich von 9.40 bis 17 Uhr
November bis März: täglich von 9.40 bis 16 Uhr

König Ludwig II.-Museum:
April bis 3. Oktober: täglich von 9 bis 18 Uhr
4. bis 31. Oktober: täglich von 10 bis 17.45 Uhr
November bis März: täglich von 10 bis 16.45 Uhr

Geschlossen am:
1. Januar., Faschingsdienstag, 24., 25. und 31. Dezember

Eintrittspreise:
Gesamtkarte „Insel" (Neues Schloss mit König Ludwig II.-Museum, Augustiner-Chorherrenstift (Museum und Galerien)):
Regulär: 7,00 Euro
Ermäßigt: 6,00 Euro

Einzelheiten zu ermäßigten Eintrittspreisen, Gruppentarifen etc. findet man auf der Webseite: www.schloesser.bayern.de

Führungen:
Neues Schloss:
Führungen (in mehreren Sprachen, für maximal 50 Personen) finden laufend statt und dauern circa 35 Minuten;
letzte Führung:
April bis 3. Oktober um 17.15 Uhr
4. bis 31. Oktober um 16.40 Uhr
November bis März um 15.40 Uhr

Wasserspiele:
Von Anfang Mai bis 3. Oktober täglich von 9.35 bis 17.25 Uhr alle 15 Minuten.

Informationen für Behinderte:
Es sind ein Aufzug und eine Behindertentoilette vorhanden, Anmeldung an der Schlosskasse.

Linderhof

Informationen:
Schloss- und Gartenverwaltung Linderhof
Linderhof 12
82488 Ettal
Telefon: (0 88 22) 92 03-0
für Anfragen:
Telefon: (0 88 22) 92 03-49
Fax: (0 88 22) 92 03-11
E-Mail: sgvlinderhof@bsv.bayern.de
Internet: www.linderhof.de

Öffnungszeiten:
April bis September: täglich von 9 bis 18 Uhr
Oktober bis März: täglich von 10 bis 16 Uhr

Geschlossen am:
1. Januar, Faschingsdienstag, 24., 25. und 31. Dezember

Eintrittspreise für das Schloss mit Parkbauten:
Regulär: 7,00 Euro
Ermäßigt: 6,00 Euro

Im Winter ist nur das Schloss zu besichtigen:
Regulär: 6,00 Euro
Ermäßigt: 5,00 Euro

Einzelheiten zu ermäßigten Eintrittspreisen, Gruppentarifen etc. findet man auf der Webseite: www.schloesser.bayern.de

Führungen (in Deutsch oder Englisch, für maximal 40 Personen) finden laufend statt und dauern circa 25 Minuten; Sonderführungen auf Anfrage.

Ticketreservierung:
Schloss Linderhof verfügt über ein modernes Kassen- und Reservierungssystem, das den Besuchern beim Kauf von Eintrittskarten feste Einlasszeiten und Schlossführungen zuweist. Gegen Gebühr besteht darüber hinaus für Gruppen die Möglichkeit, Reservierungen per Fax oder per Brief vorzunehmen.

Information für Behinderte:
Rollstühle können an der Schlosskasse ausgeliehen werden. Es ist eine Behindertentoilette vorhanden. Das Schloss ist für Rollstuhlfahrer nur eingeschränkt zugänglich.

Unten rechts:
Die Fontäne im Wasserparterre von Schloss Linderhof ist ein beliebtes Fotomotiv.

Unten:
Eine Fahrt mit der Pferdekutsche vom Ort Hohenschwangau zum gleichnamigen Schloss ist ein schönes Erlebnis; zum höher und weiter entfernt gelegenen Schloss Neuschwanstein ist es fast schon ein Muss! Führt doch der Weg ganz schön steil bergan und zu Fuß müsste man zuweilen Slalom laufen, um den Rossäpfeln aus dem Weg zu gehen ...

Neuschwanstein

Informationen:
Schlossverwaltung Neuschwanstein
Neuschwansteinstraße 20
87645 Schwangau
Telefon: (0 83 62) 9 39 88-0
Fax: (0 83 62) 9 39 88-19
E-Mail: svneuschwanstein@bsv.bayern.de
Internet: www.neuschwanstein.de

Öffnungszeiten von Schloss Neuschwanstein:
April bis September: täglich von 9 bis 18 Uhr
Kassenöffnung: 8 bis 17 Uhr

Oktober bis März: täglich von 10 bis 16 Uhr
Kassenöffnung: 9 bis 15 Uhr

Geschlossen am:
1. Januar, Faschingsdienstag, 24., 25. und 31. Dezember

Eintritt und Tickets:
Eintrittskarten sind nur im Ticketcenter im Ort Hohenschwangau unterhalb des Schlosses erhältlich.
Der Fußmarsch zum Schloss dauert von dort circa 30 Minuten.
Eine Reservierung von Eintrittskarten ist bis einen Tag vor dem gewünschten Schlossbesuch gegen einen Zuschlag zum Kartenpreis möglich.

Ticketcenter Neuschwanstein – Hohenschwangau
Alpseestraße 12
87645 Hohenschwangau
Telefon: (0 83 62) 9 30 83 - 0
Fax: (0 83 62) 9 30 83 - 20
Internet: www.ticket-center-hohenschwangau.de

Eintrittspreise:
Regulär: 9,00 Euro
Ermäßigt: 8,00 Euro

Verbundkarte „Königsticket" für Schloss Neuschwanstein und Schloss Hohenschwangau am gleichen Tag:
17,00 Euro bzw. 15,00 Euro ermäßigt

Einzelheiten zu ermäßigten Eintrittspreisen, Gruppentarifen etc. findet man auf der Webseite: www.schloesser.bayern.de

Führungen (in Deutsch oder Englisch) dauern circa 35 Minuten.

Hinweis für Behinderte:
Jeden Mittwoch (außer an Feiertagen) werden Sonderführungen für Rollstuhlfahrer und Gehwagenbenutzer angeboten.
Diese finden immer nach Beendigung der offiziellen Öffnungszeiten statt.
Oktober bis März: um 16 Uhr
April bis September: um 18 Uhr
Die Sonderführung muss vorher im Verwaltungsbüro angemeldet werden: Montag bis Donnerstag von 8 bis 12 Uhr und 12.30 Uhr bis 16.30 Uhr, Freitag von 8 bis 12 Uhr unter der Telefonnummer (0 83 62) 9 39 88-0 oder Fax (0 83 62) 9 39 88-19.

Auf der Herreninsel verkehren die Pferdekutschen in der Sommersaison. Vom Landungssteg der Schiffe bis zum Schloss können sich die Besucher gemütlich kutschieren lassen und dabei die Ausblicke in die Landschaft und auf das „Bayerische Meer" genießen.

Der Schaufelraddampfer „Ludwig Fessler" wurde 1926 vom Stapel gelassen und ist immer noch auf dem Chiemsee in Betrieb. Besonders schön ist der kürzlich von Grund auf renovierte Salon – er vermittelt das nostalgische Gefühl einer Dampferfahrt wie zu Großmutters Zeiten. Der Namensgeber des Schiffes hatte 1887 die Dampftrambahn von Prien zum Hafen Stock bauen lassen, die heute noch wie ehedem verkehrt und bei den Gästen äußerst beliebt ist.

Register	Textseite	Bildseite
Albert, Joseph		36, 48, 49, 58, 59, 72, 73, 84, 105, 115
Alpsee		7, 15, 19, 54, 60
Altötting	96	
Brandl, Franz Ritter von	114	35
Brelling, Heinrich		74
Byzantinischer Palast	17, 74	
Chiemsee	96	99, 100, 125
Chinesischer Palast	17, 74	
Correns, Erich		59
Dollmann, Georg	64, 105	94
Effner, Carl von	64, 107	74
Einsiedelei des Gurnemanz	64, 73	75
Eisenhart, Johann August von	11	
Falkenstein	17	34
Faulenbacher Tal		60
Fleischmann, August		49
Forggensee		6
Füssen	36, 94, 120	
Geiger, Caspar Augustin		106
Graswangtal	16, 72, 74	10, 73
Gudden, Dr. Bernhard von	10, 120, 121	
Hanfstaengel, Franz		121
Hauschild, Wilhelm	114	
Herrenchiemsee	13, 15, 20, 36, 75, 96, 104–106, 114	6, 20, 21, 96–111, 115, 122
Higuri, You	95	
Hofmann, Julius	74, 105	34
Hohenschwangau	12, 13, 34, 48, 58	7, 19, 36, 54, 58, 60, 85, 124
Hornig, Richard		49
Hundinghütte	64, 73	74
Jank, Christian	24, 35, 64	34, 35
Kainz, Josef	48, 72	48
Kloster Ettal	72	
Kobell, Luise von	11	
König Ludwig II.-Museum	96	
Königssee	15	
Koppay, Josef A. von		120
Landshut	16	
Lenné, Peter Joseph		60

Register	Textseite	Bildseite
Linderhof	12, 16, 18, 20, 36, 64, 72–75, 114, 120	6, 10, 11, 16, 17, 21–23, 64–69, 72–75, 77–83, 85–91, 115, 124, 128
Ludwig I.	18, 19, 48, 58, 84, 114	59
Ludwig III.	19	
Ludwig der Bayer	19, 72	
Marie Friederike v. Preußen	58	58, 59
Marienbrücke	36	39
Maximilian I. Joseph	19, 58	
Maximilian II.	19, 34, 58, 120	58, 59
Montez, Lola	14, 18, 48	
Mori Ögai	10	
München	13, 15, 17, 19, 84, 96, 120	115, 121
Neuschwanstein	13, 15, 17, 20, 24, 34–36, 73, 95, 120	6, 7, 12–15, 18, 19, 24–47, 50–57, 60, 61, 84, 85, 95
Nymphenburg, Schloss	18	115
Olga von Württemberg	17	
Otto I. von Bayern	19, 48, 58, 114, 120	58, 59
Pfeiffer, Friedrich Wilhelm	18	
Piloty, Ferdinand		95
Pöllatschlucht	36	14, 39
Riedel, Eduard	24	
Rietschel, Ernst Friedrich August		59
Schachenhaus	18, 74	95
Schachinger, Gabriel		114
Scheffzky, Josefine		49
Schloss Berg	19, 120	94, 121
Schwansee		54, 60
Schwoiser, Eduard	75	
Sckell, Carl August		60
Sissi (Kaiserin Elisabeth von Österreich)	10, 17, 48	49
Sophie in Bayern	48	49
Spieß, August d. J.		17
Starnberger See	10	18, 94, 120, 121
St. Bartholomä	15	
Wagner, Richard	13, 14, 17, 36, 48, 73, 84	48, 49

126

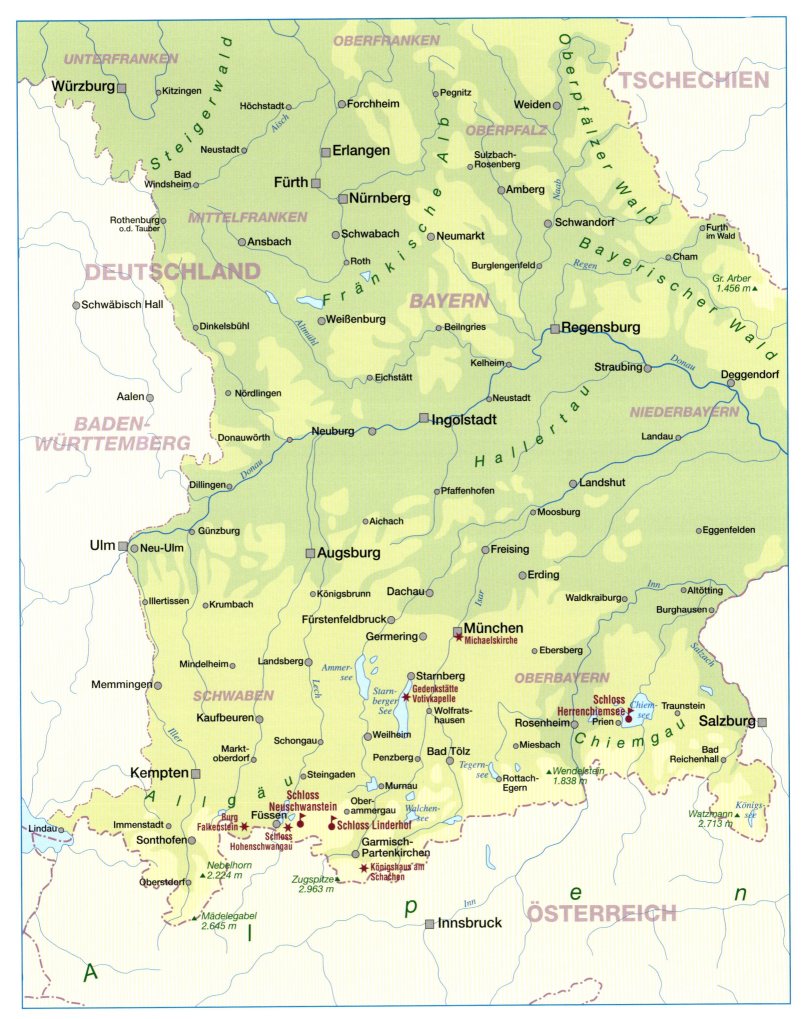

Beim Blick auf das obere Parterre, direkt unter dem Venustempel, spürt man die Einzigartigkeit der Gartenanlage von Linderhof. Elegante und harmonische Gartenarchitektur findet sich hier inmitten von urwüchsiger, ja fast „wilder" Landschaft. Der wohl älteste Baum im Graswangtal hat den königlichen Bauherren tief beeindruckt und daher seinen Platz im Park behalten: die „Königslinde".

Impressum

Buchgestaltung:
hoyerdesign grafik gmbh, Freiburg

Karte:
Fischer Kartografie, Fürstenfeldbruck

Alle Rechte vorbehalten

Printed in Germany
Repro: Artilitho, Lavis-Trento, Italien
Druck und Verarbeitung: Offizin Andersen Nexö, Leipzig
© 2008 Verlagshaus Würzburg GmbH & Co. KG
© Fotos: Ernst Wrba
© Texte: Michael Kühler

ISBN 978-3-8003-1867-4

Unser gesamtes Programm finden Sie unter:
www.verlagshaus.com

Fotograf
Ernst Wrba studierte Fotodesign und ist heute als selbstständiger Fotograf tätig. Ein besonderer Schwerpunkt seiner Arbeit sind deutsche Schlösser und ihre Gärten. Er hat bereits zahlreiche Bildbände zu regionalen und internationalen Themen veröffentlicht.
www.ernstwrba.de

Autor
Michael Kühler, 1962 in Landshut geboren, studierte in Berlin Slawistik und Literaturwissenschaft. Heute lebt und arbeitet er in Stuttgart. Neben seiner Tätigkeit als Veranstalter von Kulturreisen ist er als Autor tätig, mit den Schwerpunkten Landeskunde und Reisethemen.

Bildnachweis:
Alle Fotografien stammen von Ernst Wrba mit Ausnahme der Scharz-Weiß-Abbildungen und der unten genannten:
Schutzumschlag vorne: ©iStockphoto.com/din Alt;
S. 4/5: ©iStockphoto.com/AVTG;
S. 8/9: ©iStockphoto.com/ingmar wesemann;
S. 18: ©iStockphoto.com/Steven Phraner;
S. 32: ©iStockphoto.com/brue;
S. 38: ©iStockphoto.com/Eline Spek;
S. 39: ©iStockphoto.com/Vera Tomankova;
S. 40 oben links: ©iStockphoto.com/Dave Logan;
S. 40 oben rechts: ©iStockphoto.com/Mary Lane;
S. 40 unten: ©iStockphoto.com/Manuela Weschke;
S. 41: ©iStockphoto.com/Werner Moser;
S.56/57: ©iStockphoto.com/photo75;
S. 62/63: ©iStockphoto.com/ingmar wesemann.